［日］赤羽雄二◎著

吴晓瑜◎译

自驱型学习

厉害的人都是这样工作的

最强の「独学」仕事術

中国科学技术出版社

·北 京·

最強の「独学」仕事術

【著】 赤羽 雄二

Copyright © 2021 by YUJI AKABA

Original Japanese edition published by Takarajimasha, Inc.

Simplified Chinese translation rights arranged with Takarajimasha, Inc.,through Shanghai To-Asia Communication Culture Co., Ltd.

Simplified Chinese translation rights © 2021 by China Science and Technology Press Co., Ltd.

北京市版权局著作权合同登记　图字：01-2022-1252。

图书在版编目（CIP）数据

自驱型学习：厉害的人都是这样工作的 /（日）赤羽雄二著；吴晓瑜译 . — 北京：中国科学技术出版社，2022.7

ISBN 978-7-5046-9594-9

Ⅰ.①自… Ⅱ.①赤… ②吴… Ⅲ.①学习方法 Ⅳ.① G791

中国版本图书馆 CIP 数据核字（2022）第 072400 号

策划编辑	赵　霞
责任编辑	申永刚
版式设计	蚂蚁设计
封面设计	创研社
责任校对	吕传新
责任印制	李晓霖

出　　版	中国科学技术出版社
发　　行	中国科学技术出版社有限公司发行部
地　　址	北京市海淀区中关村南大街 16 号
邮　　编	100081
发行电话	010-62173865
传　　真	010-62173081
网　　址	http://www.cspbooks.com.cn

开　　本	880mm×1230mm　1/32
字　　数	104 千字
印　　张	6
版　　次	2022 年 7 月第 1 版
印　　次	2022 年 7 月第 1 次印刷
印　　刷	北京盛通印刷股份有限公司
书　　号	ISBN 978-7-5046-9594-9/G·953
定　　价	59.00 元

（凡购买本社图书，如有缺页、倒页、脱页者，本社发行部负责调换）

前　言

■☞ 为什么要用"自驱型学习"模式来工作

我曾在麦肯锡咨询公司（以下简称"麦肯锡"）工作过14年，之后开始致力于为日本及其他国家诸多企业提供管理咨询服务，与各企业的经营者、管理人员、普通员工等都打过交道。我提供的咨询主题主要是关于如何改变认知和行动，以及如何培养人才的。

此外，我每年都会举办近100场交流会或研讨会，以实现个人成长为目的，帮助人们强化把握问题和解决问题的能力以及提升交流能力。每年都有数千人参加研讨会。在会上，人们提出的大多是关于工作方法、人生规划等方面的问题。

我曾以如何更加快速成长和如何解决工作中的烦恼为主题，写过许多书。其中以《零秒思考：像麦肯锡精英一样思考》（以下简称《零秒思考》）为代表，共在日本国内出版24本，其他国家出版23本，印刷总数达109万册。在撰写的过程中，我倾听了来自不同年龄层（下至十几岁的中学生，上至70

岁的老人）以及日本和其他国家的读者有关工作方法、人生规划的诸多烦恼，并在书中进行了阐述。

◼◖ 工作方法深刻影响人生轨迹

通过这些经历，我深切地感受到工作方法深刻影响着人生轨迹，许多人都因不恰当的工作方法而感到困扰，而且不知该如何改变现状。其实，只要对这些工作方法进行适当调整，将其变为立竿见影、高效的工作方法，我们就能够过上比目前加倍充实的人生。我们如果不加以改变，可能会因此对公司感到不满，甚至埋怨上司和家人，整日满腹牢骚，无法过上令人满意的生活。

但是，能够掌握高效工作方法的人可能不到总人数的五分之一。正在工作的大多数人都有着大大小小、各种各样的烦恼，并因此而郁郁寡欢。

目前的职场现状令人遗憾——不知道在职场上如何应对上司，身边没有能够参考学习的同事，自然也没有人教授自己工作方法，同事之间互相帮助的情况很少见，大多数人都在一个人独自挣扎着。另外，很多时候上司可能同样不得要领，即使我们好不容易下决心向上司求助，他也不知道该如何回应。一般情况下，上司既没有提供帮助的能力，也不愿意帮助我们。于是我们将越来越深陷入困境之中，形成恶性循环。

这种情况实在太令人遗憾，我们每天辛苦付出的努力也可能成为徒劳。因此，我开始思考，有什么事是我们仅凭一己之力就可以完成的，又有什么事是我们应该做的。

以我为例，我加入麦肯锡几年之后就被派往韩国负责那里的项目，和上司每隔两周才有一次见面交流的机会。这种情况持续了相当之久。在无法频繁交流的情况下，上司对我的工作指导十分有限。从这方面来看，这种情况其实算得上是远程工作了——我没有上司、同事等可以求助的对象，还需要应对大量的客户，和下属之间的工作量也在日益增加。

基于以上情况，结合我接到的来自许多人士的咨询及自身经验，以如今远程工作时代的主要问题为参照，我总结了如何凭一己之力打开工作中的各种局面的方法，著成本书。

◘ 没有人教我们如何工作

有一件非常令人惊讶的事实，没有人会教我们如何工作。

通常，上司向我们传达的都是一些较为简单的工作指令，比如：

"一天要打50通以上的推销电话。"

"分析一下这个主题，把结果汇总整理好。"

"看看之前的资料，在下次开会之前做好一份报告书。"

……

但是，一般情况下，针对这些实际的业务，上司几乎不会给出任何建议来帮助和指导我们顺利完成工作。

许多人由于不知道该如何展开工作，或对初次接任的工作感到巨大的压力而向我咨询。我每次都会问他们从上司那里接到的是什么样的指令，以及上司给了他们怎样的建议，但是令人满意的回答却并不多见。

上司似乎经常说一些只从自己立场考虑的话：

"我轻易教他们的话，他们自己就不会学习了。"

"工作本来就是要靠自己的努力来想办法做出成果的啊。"

"以前也是这么做的，完全没有问题。"

"我以前就把握住了机会，获得了很大的成长。"

"我轻易教会他们的话，他们自己就不会学习了"，这句话很常见，但其实并非如此。如果上司好好指导我们，会比我们自己学习的效率高得多，工作质量也会很快提升，同时还可以避免无谓的失败。有了这些成功的经验，可以增加我们的自信，并迅速获得成长。

其实也并不是他们有能力指导下属却有所保留，只是因为他们大多数人并没有指导别人的能力，也不知道该怎样指导别人才好。

接下来，我们来看看"工作本来就是要靠自己的努力来想办法做出成果的"这种观点。我们确实可以通过自己的努力学到很多东西，但是，如果上司对下属始终抱有一种"让我看看你有多大本事"的态度，将导致下属的工作质量下降，下属也会花费更多的时间来处理工作。这样对于自己的业绩和公司的竞争力都会产生负面的影响。这样做还会给下属本人带来巨大的压力，而且也没有什么工作是失败了也无所谓的。因为没有任何人依靠，所以要拼命努力完成工作，和因为上司想看看自己的本事有多大而不得不拼命工作这两种态度，给下属带来的压力和焦虑程度都是无法相提并论的。毫无疑问，这也会影响到下属的工作质量。

另外，"以前也是这么做的，完全没有问题"这句话也很常见，但以前和现在的情况相差太大了，把两者相比几乎没有任何意义。前提条件和竞争条件都变了，客户、公司内部等几乎所有东西也都已经变了，不能再按照以前的方式工作了。

下面来看看"我以前就把握住了机会，获得了很大的成长"这种观点。也许对说这句话的人来说的确是这样，但是他们可能忘记了，在他们看不见的地方，也有很多人被压垮了，或者因为失败而从此一蹶不振。"明明我就做到了""别人也是这么对我的，我就没问题"，这些话由那些抵抗住压力并顺利升职的上司们口中说出来，没有任何意义。

如上所述，这些只从上司的立场出发说出来的话，实际上并不适用于整体工作，而且会破坏下属对上司的信任，甚至会让人对上司的人品产生怀疑。

◼◖ 工作能力很强的上司和前辈不擅长指导他人

工作能力很强的上司和前辈并不少见。可能也有人觉得身边一个值得尊敬的人都没有，但是一般情况下周围至少也会有一两个这样的人。

问题是即使是非常优秀的上司和前辈，也不一定擅长指导他人。他们中的大多数都不是被上司教出来的，而是自己本来就有能力，并通过不懈努力最终胜任了工作。因此，虽然他们能够做出成果，但他们掌握的大多都是隐性知识（难以用语言表达的知识），所以并不十分擅长向他人分享经验和指导他人。

他们能够给出的指导意见一般都较为简单，很难称得上是合格的教导：

　　"不管你怎么说，就是那么一回事。"

　　"行了行了，就按照我说的做。"

　　"别发牢骚了，做就行了。"

　　"只要去做就能做成，赶快做吧。"

　　"最开始可能会失败，多做几次就好了。"

　　"你就是失败的次数还不够多。"

◖◗ 在远程工作时代，谁都帮不上忙

　　由于新冠肺炎疫情的肆虐，我们进入了远程工作时代。即使以后疫情结束了，可能也还会沿用这种工作模式。

　　在远程工作的情况下，我们几乎不需要去办公室上班，或一周只去几天，剩下的工作都在家里完成。这样一来，我们很难像以前那样随时可以向隔壁座位的前辈请教问题。当然，只要通过视频会议（ZOOM）就能够交流，但还是不能像那种当面提问一样便捷。而且，即使我们因为不知道怎么完成工作而一筹莫展，上司、前辈和同事也看不见我们烦恼的情景，如果我们不主动求助，那么谁也无法帮助我们。他们没有故意使坏，也并非有意为之，只是因为看不到而已，并且由于无法把

握整体工作进度，他们也不知道该不该主动关心询问我们。很多情况下，在上司和前辈犹豫着自己是不是在多管闲事的时候，事态可能已经变得非常严重了。

因此，我们应该认识到在远程工作时代，谁都帮不上忙，我们更要一切都靠自己努力，凭借自己的力量胜任工作。

◗ 只有自己能决定自己的人生

总而言之，能决定自己人生的只有自己。

- 要往哪方面发展?

- 做什么工作?

- 在哪里工作?

- 如何展开工作?

- 如何成长?

- 如何培养技能?

- 如何解决烦恼?

- 如何过上安稳的人生?

以上这些事情，都要我们自己来决定。不管多么优秀的上司或前辈，都不能帮我们做这些决定。甚至在现在这个时代，连做决定时寻求一些建议和帮助都非常困难。

目录

第二部分

"自驱型学习"之收获的6个关键因素

第三部分

"自驱型学习"之解压的4个关键因素

第一部分

"自驱型学习"之成长的10个关键因素

成长的关键因素1　对自己满怀信心

　　在使人成长的关键因素中，最重要的一点是要对自己满怀信心。人如果有了自信，就能够不再踌躇迷茫，勇于挑战。即使是没有做过的事情，我们也可以在埋头苦干的过程中找到突破口。然而，不管在什么样的职场中，能够满怀自信做出成果，让我们引以为榜样的人并不多见，甚至在许多公司中完全找不出这样一个人。

　　在某些更糟糕的情况下，当上司和前辈不再指导我们，开始独自承担工作时，我们可能会感到非常惶恐不安。在这种情况下，也许有机会能遇到经常鼓励我们的上司、前辈，或者是某位能让我们当作榜样、仅仅通过在一旁观察学习就能帮我们培养自信的优秀同事，但是这样的机会更是可遇不可求的。

　　因此，我们需要自己有意识地去探索如何培养自信，并为之做出努力。

◖◗ 自信代表一切

　　只要有了自信，即使是现在做不成的事情，也肯定会在成长的过程中逐渐变得能够胜任。即使遭到了上司严厉的训斥，只要对自己说一句"别小看我！绝对搞定给你看！"就好。在挑战新事物的时候，我们可能会遭遇一两次挫折，但只要继续坚持第三次、第四次，最后一定可以成功完成挑战。坚持这样做下去，逐渐就会有人来向我们寻求帮助、建议，我们将自然而然地掌握领导能力，并能够熟练运用这种能力来工作。

自信真的是一种不可思议的品质，曾经有很多人因为缺乏自信来向我咨询解决方法。其中确实有一些工作经验很少、技术水平不高的人，但同样也有很多技术水平较高的人因为没有自信而感到困扰。日本在经济高速成长期之后，经济状况不断走下坡路，整个社会压抑滞涩，毫无生机。在这种情况下，缺乏自信或许已经成为日本上班族的一种独有的特点了。

通过与许多人对话、近距离观察他们的工作情况等实践经验，我得出这样一种结论：有无自信和实际工作能力几乎无关。除了那些既能做出成果，工作能力又强，同时还信心满满的少数人，大多数人都处于一种莫名其妙的缺乏信心的状态中。

当然，即使没有自信，同样可以努力坚持完成工作，但这样的工作方式无法完全发挥自己的能力，也更难做出成果。在这种情况下是很难成长的，而且不仅是在工作方面，在生活方面也更加可能遭遇失败。

另外，以硅谷为代表的其他国家风险企业在近几年取得了急速发展，加之GAFA①等巨头企业的崛起，日本每年也有许多风险企业相继创立。这些创业者和创业团队的成员充分相信自己的技术和创造力，废寝忘食、拼命忘我地投身在项目中。正是因为他们的努力，虽然风险企业数量不多，但每年也有100所左右的公司得以上市。

在过去的20年里，我曾共同参与并支援过这类风险企业的创业活动，一直致力于优化风险企业的创业环境。因此我很了解也有能够满怀着自信投身创业事业中的日本人。另外，很多企业的员工，或者在以个体户的身份工作的人们当中，应该也有许多像他们一样在努力拼搏着的人。

◖⟜ 只埋头工作就好

虽然"有自信"这件事本身非常重要，但从另一个角度

---

① GAFA是谷歌（Google）、苹果（Apple）、脸书（Facebook）和亚马逊（Amazon）四大互联网巨头的英文首字母的组合。2021年10月28日，Facebook宣布该平台的品牌将部分更名为"Meta"（元宇宙）。——译者注

来说，经常去琢磨"自信"这个概念并没有任何好处。我们埋头投入工作的时候，是最能够集中精力，也是最能够做出成果、获得成长的。在这种时候，脑海中根本不会浮现"自信"这个词。

"我没有自信。"

"我总是很纠结。"

"他看上去好有自信，但是我却……"

像这样的想法百害而无一利。

首先，我们要完全从脑海中过滤掉"自信"这个词。因为当我们真正对自己有自信时，是完全不会想到自信这个词的。大家可以回想一下，当忘我地投入某项工作的时候，各位是不是完全没有考虑过自己有没有自信？我们可能有这样一种感觉：虽然很辛苦，但是拼命去做了，最后也终于成功了。话说回来，明明平时对自己没有自信这件事十分在意，结果当时根本没空考虑，只顾着完成任务而拼命工作了。

以我为例，曾经的我没有任何管理经验，没有工商管理硕士（MBA）学历，在跳槽到麦肯锡之后的几年，一直都只顾着拼命工作。回想起对工作一窍不通，在被派往韩国工作时，连那里街上的招牌都看不懂，用很少的资源负责几十个韩国客户的那些年；从麦肯锡离职，突然没有了几十个下属，独自手忙脚乱的那些年；还有仅用每月三天的时间去尝试推行印度大规模经营改革项目的那几个月……那些时候真的是从来没有考虑过"自信"这回事。那段时间我什么都不想，只是埋头坚持做着所有我能做到的事。

☛ 积累小的成功经历

话虽如此，应该还是有很多人会不自觉地想起"自信"这回事。无论怎样有意识地控制，"自信"还是会忍不住浮现在脑海中。我们很容易因此非常介怀，并产生许多负面的观点，比如：

"我肯定做不好了。"

"反正最后也不行。"

"谁也不会帮我。"

"也没有能商量的人。"

"我就是没自信啊。"

……

如果"自信"这个词不再被我们不经意地想起，如果我们可以停止琢磨"自信"这回事，我们的心态就会变得无比轻松，同时还能帮我们缓解焦虑和走出迷茫。

其实要做到这一点并不是没有办法。只要在实际中多积累几次成功经历，我们在不知不觉中就能摆脱"自信"这个词了。

比如这种在完成项目时的类似经验：

"那段时期虽然很辛苦，但还是挺过来了。"

"当时真的忙坏了，不过最后还是做好了。"

"第一次接触这项工作不知道该怎么办，后来请教了很多人，试着努力去做，最后坚持完成了。"

能够有这种较大的成功经历自然非常好，但却并不多见。就算没有这些正式的成功经历，我们也可以通过积累微小的成功经历来让自己获得自信，达成实际的工作成果，掌握待人接物的技巧。比如下面这些例子：

"这次的报告会总算顺利结束了。"

"这次的任务和其他工作的时间重合了，但我已经事前打好招呼了。"

"有些话想和同事说，但一直觉得麻烦，今天终于开口了。"

"每周的小组会议主持，这次我做得很好。"

这是一种相对比较容易的做法，这种事情虽然微不足道，但是通过积累越来越多的成功经历，能逐渐培养出"我能行"

的心态。

我们也可以通过将大的目标拆分成多个连续的小目标来增加成功经历。比如，现在的托业考试①成绩是500分，目标是挑战850分。这种情况下，可以先以550分为目标，达到目标之后下次再尝试挑战600分，再下次是650分，达成之后再挑战700分，成功后再尝试挑战750分，像这样逐渐提高标准，这就相当于积累了很多次成功经历。

再举一个例子，如果是以写书为目标，可以先尝试写出10篇相关内容的博客，接着试着写20篇，然后再写20篇，接下来再利用自己的博客内容，在脸书群中征集500名群员参与讨论。通过这些行动，你可能会引起出版社编辑的注意，最终完成出书。同样还有其他的实现方法，比如以相关内容为主题，举办3场线上系列研讨会，征集数百人参加，也可能会有出版社对此感兴趣，我们想出书的愿望也可以就此实现了。

通过重复这样的尝试，在不知不觉中，我们将不再惧怕任何情况，并能够冷静地投入工作中。通过积累微小的成功经

---

① 托业考试即TOEIC，中文译为国际交流英语考试，由ETS举办，是针对在国际工作中使用英语交流的人们而指定的英语能力测评考试。——编者注

历，我们可以逐步接近目标，对自己产生信心，并逐渐完全忘记自信这回事。

【 从前的困境 】

- 莫名其妙地感到没自信。

- 对这种缺乏自信的状态感到束手无策，认为无法改变。

- 受其影响，导致工作和生活都无法按照自己的节奏顺利进行。

- 周围没有或自认为没有能帮助自己培养自信的上司或前辈。

- 结果导致工作了很多年后，对未来还是感到迷茫。

【 自学小测验 】

- 是否真的理解了自信的重要性？

- 是否不再纠结于自信本身？有没有完全忘记这回事？

- 有没有尝试多去积累微小的成功经历？

成长的关键因素2　保持高度的工作积极性

我们如果能保持工作积极性，那么不管在什么样的情况下都会持续成长。有很多人曾因为无法保持工作积极性，或工作态度总是摇摆不定而向我寻求帮助。

这一点在独自工作的情况下尤其重要——在干劲十足的时候还好，一旦工作积极性下降，周围也不会有人来提醒我们注意或给我们打气。这样的情况非常令人沮丧。每天只参加几次ZOOM会议很难保持工作积极性，也无法告诉周围人自己在勉强坚持工作。

▪◗ 做自己想做的事

要保持工作积极性，需要找到"现在做的事是我想做的"的感觉。如果上司或前辈没有给我们足够的动力，那么工作对我们的强制性也会减弱。这种情况下，我们即使勉强自己做不想做的事，也不一定能够完成。

人之所以难以保持工作积极性，主要是因为以下两个问题：

（1）根本不知道应该做什么。

（2）知道应该做什么，但是不一定想做。

有很多人都在为第一个问题而困扰——到底应该做什么？如果上司下达的工作指令非常不明确，公司的未来目标和方针也难以服人，同时对于自己的职业发展也十分迷茫的话，肯定很难确定到底该做什么。比如，我们在某个技术研发项目组工作，但公司的方针总在变化，也完全不知道自己的研究课题什么时候会被提上日程；或者我们从事的是销售工作，上司吩咐"每天必须打200通电话，争取与客户见面的机会"，但这离真正掌握客户资源还很遥远，也不知道是不是真的应该这样做，最后也没有任何成果，这两种情况都十分令人沮丧。

我比较幸运，从小学开始就很喜欢建筑设备领域，大学一年级时以入职小松集团[1]从事建筑设备设计工作，为目标。后来这一目标得以实现，因此并没有感到过迷茫。但后来我有机会去留学了，在我留学归来之后，我感到志不在此，于是下决心转行加入麦肯锡。

至于第二个"知道应该做什么，但是不一定想做"则更

---

[1] 小松集团是全球规模巨大的工程机械及矿山机械制造企业之一。——编者注

成问题了。明明是必须做的事，但是心里却没有这种紧迫感。事实上，只有十分之一的幸运儿才能遇到"该做的事就是想做的事"这种情况。在这方面也许我也比较幸运，我在转行入职麦肯锡的时候，完全跟不上工作节奏，也完全没有时间考虑自己到底想不想做这件事。在对工作一窍不通的时候，我就被派往韩国负责项目，应对客户的迫切需求。在那之后的十年时间里，一直都在韩国奋斗。其实很难说这些是不是我真正想做的事，但由于客户的态度都很认真，我的工作也因此非常充实，这对我来说是一个机会，我在此过程中收获了显著的成长。

这样看来，保持工作积极性的要点在于以下两点：

（1）正确判断哪些事物对自己来说比较重要。

（2）把这些重要的事看作自己想做的事。

为了能够"正确判断哪些事物对自己来说比较重要"，至少需要思考自己五年后、十年后的理想状态。试着用一页幻灯片（也可以使用其他软件，本书中统一以幻灯片概括）总结一下吧。内容不必太复杂，具体可参考下面三项：

（1）十年后，希望自己变成什么样？在做什么事？

（2）五年后，希望自己变成什么样？在做什么事？

（3）现在做些什么可以帮助自己实现以上目标？

推荐大家用幻灯片来总结，是为了便于之后增加、修改内容，逐渐完善内容。通过这种方法，人们就不会觉得以后的事情太过遥远，无从考量，而会相应地深入思考，并且可以把每次修改时的最新想法都记录下来。某个想法即使是错误的，也能通过不断修改逐渐趋于完善。

在此基础上，还可以邀请四五名关系不错的公司同期同事或工作内容相近的前辈和后辈，各自分享一下自己五年后、十年后的计划，这样能够起到互相激励的作用。如果能聊上一小时的话，差不多相当于一次充实的会议，之后大家再一起聚个餐，可能会成为一生难忘的经历。以后也可以像这样每半年定期聚一次，气氛一定非常热烈，大家也能深受鼓舞，自然就有了干劲。

接下来是如何"把这些重要的事看作自己想做的事"，我们可以按照下面的步骤来让自己行动起来。

（1）设立一个具有挑战性的目标，并写出三四个阶段性目标。

（2）向周围人公开这个目标（可以在上文中提到的群组或社交网站上公开）。

（3）将完成目标所需要的过程拆分为几个具体的行动，

使目标更容易实现。

（4）交一些行事利索、行动力强的朋友。由于他们平时就有行动力，我们也将受到影响而行动起来。

通过以上方法，从前那种明明有必须要做的事，却一直磨磨蹭蹭，或总是无法迈出下一步的情况就会得到改善。这种尝试甚至有点像在做游戏，可以让人非常愉快地进行下去。

◢ 拒绝刻板思维

要想保持高度的工作积极性，就不能过于刻板地考虑问题。如果过于刻板，就难以灵活地思考事物，这会导致我们随机应变的能力变弱，总感觉哪里出了问题，也会对自己的做法产生怀疑。同样地，如果过于刻板，会一直沉溺于过去，影响我们的成长。

所谓刻板，大致是指一个人过于认真、过于讲究规矩、缺乏灵活性。这类人对自己缺乏自信，不能从容地掌控局面，所以总是犹豫着不愿意改变那些已经决定的事或自己认定的事。

在现在这个需要变化的时代，如果思维方式过于刻板，容易给自己造成很大压力。明明有着很高的积极性，却总是不知不觉地受这种性格影响而耽误了工作。我们必须想办法解决这个问题，就像在开始做运动之前要热身一样，在开始工作的时候，我们的心灵也需要热身，否则就容易拘泥于条条框框，从而耽误工作。

习惯于刻板思考的人可能经常会被职场的同事或朋友指出这个问题，因此在这方面会有些介意。如果察觉到自己有些刻板，就趁着这个机会好好面对并想办法解决吧。

请试着写出让自己变得刻板的理由。这里向大家推荐"多角度A4笔记法"，非常有效。关于A4笔记，我会在第三部分的"解压的关键因素3"中进行详细说明。

- 什么是刻板？

- 自己是从什么时候变得刻板的？

- 自己是不是真的很刻板？

- 刻板带来的坏处是什么？

- 不刻板的同事、朋友是怎么思考问题的？

- 认真和死心眼（过于认真）有什么区别？

- 怎样做才能稍微放松一些？

- 什么时候可以稍微放松一点处理问题？

- 之所以过于认真，是因为对某些事感到不安吗？

- 冷静、踏实地处理问题和过于认真地处理问题之间有什么区别？

像这样在A4纸上把问题写下来，就能够客观地审视自己，也能弄清楚自己的某个行为、某个想法是否真的对于当下非常重要，还是仅仅只是自己的一种习惯。

还有一种方法，可以邀请几名同样觉得自己的思维方式比较刻板的朋友一起来做这样的A4笔记，并互相发表感想和意见，这样可以有效帮助我们客观地看待问题。所谓"以人为鉴，以正我身"，人们总是对他人的行为看得比较清楚。

可能有人会觉得"话虽如此，但别人是别人，我是我"。如果真的有人这么想，请反思一下自己是不是太受到自尊心的影响了。这里所说的"自尊心"是指"自我意识过剩"。自我意识过剩几乎没有任何意义，甚至有害，所以最好不要过于关注自我。可能还是会有人不自觉地去关注自我，但只要我们努力坚持客观地审视自己，就会在不知不觉中变得不那么在意自己了。

想要客观审视自己，可以尝试以下三种方法：

（1）比从前更加仔细地观察他人的言行举止，这样可以在观察自己或他人时更加敏锐、客观。

（2）想象从斜上方给自己拍摄视频的场景。（如果有条

件，可以试着实际拍摄一下）

（3）列举自己身边的5个人，站在他们的立场上，想象他们是如何看待自己的，并将每个人对应的内容分别写在10页A4纸上。

◗ 尽量避免和消极的人接触

我们同样要注意尽量避免和消极的人接触。消极的人指那些不管在什么情况下都只会发表消极言论的人。不管做什么事，他们总会陷入消极的思考模式中。这类人对于所有情况都倾向于做出完全否定的判断，和他们共事会让人感到非常疲惫，也会阻碍工作的进展。

虽然他们那些苛刻的观点偶尔也会派上用场，但往往只是一些过于严苛、为了实现自我满足的言论，基本上没什么用处。这些内容有时候听起来可能让人觉得是某种"正确言论"，但通常都是一些无视实际情况的个人观点而已，并不能给工作带来积极影响。在完成工作的时候，本来就会面临许多不理想的状况，在这种情况下如果还一味地过度提倡所谓的"正确言论""理想言论"，就无法有建设性地、积极地进行讨论，也会阻碍项目的进展。

举个例子，在进行新项目策划的时候，消极的人经常会坚持一些不切实际的想法，比如应该将项目分成10多个分类展开研究，或必须采访200个潜在客户才能提出假说，等等。

因此，想要保持高度的积极性，尽量避免和消极的人接触是很明智的做法。有许多人可能会抱着"忍忍就好了"的想法随意应付几句，但其实这种做法并不恰当，也没有必要，只会耽误工作，增加自己的压力。消极的人几乎没有推进工作、做出成果的意愿，他们只会为了实现自我满足而发表言论，耽误项目进展。

更麻烦的是，他们一旦发现周围的人做出想要避开自己的举动，还会说别人"只会逃避""懦弱"，千万不要搭理他们。说到底他们只是一些"求关注怪"（再多关注我一点，别不理我，快看看我）、"捣蛋鬼"（再不理我我就要找碴了，烦死你），总想着给别人使绊子罢了。如果我负责的项目或我的团队中有这样消极的人，我会正面指出他的问题，并要求他改变自己的态度。如果沟通了也完全不管用，我会向上级报告，请上级帮忙劝说他离开项目组。否则他们将给项目或团队带来严重的问题，绝不能坐视不管。

据我所知，一般情况下，上司和同事也都觉得这类人和他们的态度有问题，在这一点上大家的意见基本上是一致的。只是因为不知道该对这类人采取什么样的措施，所以才一直没有处理。因此，只要我们将具体的问题和对他们坐视不管的风险解释清楚，上司一般都会采取行动。

不过还是会有人不擅长处理这类事情，这些人可以参考下面的观点。相信这样思考之后就会稍微安心一些。

（1）消极的人完全不想积极推进项目。

（2）他们想要通过找别人麻烦寻找自己存在的价值。

（3）搭理这种人会阻碍项目的进展，是愚蠢的行为。

（4）如果无视他们可能会被纠缠、被找碴，可以随意应付一下。

（5）如果这样还是被对方过度干涉的话，就请求上级劝说他们离开团队，完全不必感到愧疚。

（6）但是，如果是由于自己解释不到位或因为追求速度而犯了错，那就可能不是对方故意找碴，他可能很靠谱，只是与你发生了一些摩擦，因此要时刻注意以细致、恭谨的态度来与别人沟通。

通过这些思考，相信大家心中应该更加能够接受这种做法，并可以下决心做出行动了。

【从前的困境】

- 无法保持工作积极性，就算暂时状态不错，也很快就会泄气。

- 一旦泄了气就不知道怎样找回状态。

- 总是被不想做的工作折磨。

- 不想做现在的工作，但被问起自己想做什么、想完成什么也不知道怎样回答。

- 同事们也是类似的状况，帮不上忙。

- 上司、前辈也完全不是干劲十足的类型，对待工作都较为随意，没有改变的契机。

- 总是刻板地思考问题，有作茧自缚的倾向。

- 总被消极的人拖后腿，想要避开他们却会被纠缠。

- 尝试避开消极的人，却反被倒打一耙，惹上麻烦。

【自学小测验】

- 有没有下决心做想做的事，并保证9成以上的行动是按计划进行的？

- 有没有刻板地思考问题？有没有尝试快速调整思路？

- 能否做到就算产生摩擦，也要想尽办法避开消极的人？

成长的关键因素3　不再情绪化

长时间独自工作后，被别人直接指责的机会就会变少，也许能够避免过度情绪化的情况发生。但这种情况其实是比较危险的，就像在温室里避难，一旦接触到社会的残酷，可能会更加容易受到打击。

因此，即使现在是以远程工作为主，最好也要坚持找机会尽量接触外面的人。这样才是正常的状态，也能起到激励自己的效果，心灵和身体也不会变得迟钝。

▪️ 一旦变得情绪化，就无法控制自己

避免感情用事，是成长中的一个重要因素。一旦变得情绪化，就无法做出正确的判断，而且会因此树敌，耽误工作。不仅如此，还会将自己的行为正当化，不再自省，只一味地指责他人，这会降低自己的成长意愿，耽误自己的成长。

拥有开心、快乐、悲伤、痛苦等情绪，是一个人理所当然的、非常重要的情感需求。而"情绪化"则有所不同，是指人过度被感情驱使，做出一些超出正常范围的反应，而且这种感

情主要以愤怒为主。当怒气涌上心头时，人们会做出一些过激行为，情况将变得一发不可收拾。

很多人认为，大家都是普通人，偶尔难免会有些情绪化。但事实真的如此吗？我认为这只不过是单纯的借口罢了。感情用事大多数时候并不会给我们带来好处，它会破坏你的人际关系，也会增加我们的压力。它不会给你带来舒畅的心情，甚至完全相反。更何况，肯定有很多人在相同情况下并不会感情用事。

实际上，有许多方法都能使我们避免情绪化，值得努力尝试。具体如下：

（1）先丢掉"大家都是普通人，偶尔难免会有些情绪化""就算感情用事也没法改变"这种想法。

（2）重视身为人类正常的感情需求，但要弄清楚其和"情绪化"的区别。

（3）在自己怒上心头的时候，思考一下是由于眼下的状况而引起的，还是同时受到了一些过去的负面回忆的影响。

（4）想象一下人品很好的上司、前辈，想想他们在相同情况下会不会生气、发怒。

（5）最后思考一下"情绪化"对于自己来说究竟是什

么，又是怎么一回事。

除此之外，还有许多其他方法，请一定试着找出适合自己的方法。

如果我们任由自己变得情绪化，真的非常难以控制。想象一下开枪的感觉——一旦扣下扳机，就无法挽回了。在激烈的冲突之下，我们和对方之间会产生隔阂，自己也将在一段时间内（有时是一晚上，有时会长达数日以上）失去平常心。因此，不管在什么情况下，我们都应该竭力避免情绪化。

■☞ 情绪化是对自己的纵容

话说回来，人们究竟为什么会如此情绪化呢？是天生的吗？还是本来就是这种性格呢？我认为并非如此。

有人可能会说自己就是比较容易发脾气的性格，但普通人变得情绪化的原因，应该都属于以下的几种情况之一。 .

（1）缺乏自信，自我认同感低，受害者意识较强，会因为对方不经意间的一句话而勃然大怒。

（2）缺乏自信，自我认同感低，必须时刻保持高姿态，不然就会感到不安，因此十分容易发怒。

（3）从前有过不愉快的经历，为了自我保护养成了动不动就发怒的习惯。

（4）从小时候开始就十分任性，如果不能随心所欲就会发怒。

（5）故意因为一些小事就发怒，看到周围人不知所措的样子觉得很有趣。

看到以上几种情况，大家有什么感想？

通过这样的分类总结，是不是觉得情绪化只是对自己的一种纵容呢？像职权骚扰①、精神暴力、扭曲的父母这些现象之所以存在，完全是因为施暴者对自己的纵容或纯粹的任性造成的。其根据在于那些容易情绪化的人在面对上司、重要客户等对自己比较重要的人的时候，几乎不会表露出自己情绪化的一面。

他们可能是暂时压抑住了情绪，控制住自己，以免在上司或重要客户面前暴露自己的情绪问题。根据对象的不同，有时可以控制，有时控制不住，正能够说明这不是某种物理上的无法改变的状态，而是出于当事人的自私自利和区别对待罢

---

① 职权骚扰：利用自身职务上以及人际关系上的有利性，对同事施加超过业务范围的精神性以及肉体性的痛苦的行为。——编者注

了。他们本质上就是"欺软怕硬"，只会对弱小的人施加精神暴力。

◾️ 理解对方的立场，不再情绪化

那么我们要怎么做才能避免情绪化呢？

人之所以会变得情绪化，是因为不能理解别人的某种行为，因此而感到迷惑、慌张、惊讶，认为自己被愚弄、被侮辱了。然而，只要理解了对方的立场，就可以不再过度情绪化。因为这样就不会再感到疑惑，因此也不会觉得自己被愚弄、被侮辱了。

而之所以会感到疑惑，是因为自己不明白当下的情况为什么会发生，或者难以理解其发生的意义。如果能不再感到疑惑，情绪也会随之平静下来。与之前相比，可以冷静下来投入工作，在和别人沟通的时候也不容易感到焦躁。

那么我们要怎么做才能理解对方的立场呢？如果只凭想象是很难做到的。或者即使能想到，也只是某个片面的角度，无法深入理解。

在这种情况下，可以利用"A4笔记"从多个角度写下观点，这样就能够在短时间内把握整体状况。如果要分析的是

"提出无理要求的上司"（这里称为A），可以参考以下观点：

- A为什么会提出无理的要求？

- A对谁会提出无理的要求？

- A对谁不会提出无理的要求？

- A是不是不知道自己在提出无理的要求？

- 对于A来说，什么是无理的要求？

- A知道"无理的要求"这个概念吗？

- A的上司给他设定了什么样的目标？

- 对A来说下属是什么？他怎样理解下属？

- A认为应该给下属设定什么样的目标？

- A认为一个合格的上司是什么样的？

如果分析的是"完全没有工作积极性的下属"（这里称为B），可以参考以下观点：

- B在什么情况下有工作积极性？

- B在什么情况下尤其缺乏工作积极性？

- B在没有工作积极性的时候一般都在做什么？

- B在没有工作积极性的时候都在想什么？

- 对于B来说，工作意味着什么？

- 什么类型的上司会让B有工作积极性？

- 什么类型的上司会让B缺乏工作积极性?

- B是从什么时候开始没有工作积极性的? 有什么原因吗?

- B还想继续在这家公司工作吗?

- 应该怎样做才能和B进行深入的沟通?

通过这种方法，可以清晰地了解对方的立场，请大家一定要尝试一下这种"多角度分析法"。

【从前的困境】

- 总是过度情绪化。

- 即使知道不能太情绪化，一旦被触及痛点还是无法控制情绪。

- 如果变得情绪化就无法集中精力，导致犯错。

- 不仅在工作中受到情绪化的影响，回家后还会把不好的情绪带给家人，家人也跟着遭殃，造成十分尴尬的局面。

- 周围都是情绪化的人，不知道该怎么控制情绪。

- 尝试去理解对方的立场，结果却完全无法理解，甚至觉得不可理喻。

【自学小测验】

- 是否能不再情绪化，不管在什么情况下都能控制情绪？

- 有没有尝试利用一切方法去理解对方的立场？

- 有没有一边想象着对方的立场，一边用"A4笔记"来做分析？

成长的关键因素4　不断提高工作效率

一个人独自工作时总是容易放慢节奏。因为没有人催促我们工作了，那些工作效率高、做事麻利的前辈和同事们也不在周围，自然容易懈怠。

这其实是非常危险的。在这种情况下，只有那些觉悟特别高的人才会持续提高工作效率，而另一些人都在不紧不慢地工作，等他们注意到的时候已经为时已晚了。

◗ 不断加速

就算有的人不知道怎样做才能成长，但也大概都知道要怎样提高工作效率。为了将工作做好，我一直在不停地提高工作效率。工作之后的每个阶段都在推动着我不断向前：刚入职麦肯锡的时期；在麦肯锡工作期间开始管理几十名下属；从麦肯锡离职不再管理别人；要同时为十几家企业客户提供咨询；开始每个月往返于印度和越南之间……

因为有了这些经验，我才确信不管是什么样的人、什么样的工作，都可以大幅提高工作效率，人们也能通过工作培养自信，收获巨大的成长。同时我也深刻认识到，要克服不擅长的方面是非常困难的，而进一步发挥自己的长处则会轻松许多。

但是除此之外，我并不建议大家再继续纠结这个问题了，不如直接开始行动起来，尽一切努力提高工作效率。这样就会在不知不觉之间发现自己已经获得了巨大的成长。

独自工作的时候，没有人会告诉我们具体的工作方法，因此就更需要自己有意识地提高工作效率。

◗ 设置词语快捷键，助你文思泉涌

在很多情况下，工作任务主要以写文章为主，例如企划书、报告书、项目计划书、方案书等。这种时候，怎样快速写文章就成了提高工作效率的关键。

独自工作的时候，我们有时候写文章思路流畅，文思泉涌；有时候则写一行抱怨一下，再写一行又觉得不行，把之前写的都删掉重写。这两种情况下的工作效率相差几倍，甚至几十倍。

想要提高写作能力，需要加倍努力。其实有一种"魔法"可以帮助我们较为轻松地获得巨大的成果——设置词语快捷键。仅仅通过设置词语快捷键，就可以大幅提高我们写文章的速度。

我设置了300个以上的快捷键，帮助自己提高工作效率。虽然这里说的是"设置词语快捷键"，但并不仅限于一般的词语，下面的内容都可以进行设置，真正帮助我们实现行云流水的写作。

- 单句。

- 四字熟语。

- 写法复杂的人名。

- 网址。

- 经常用到的邮箱地址。

而且，设置词语快捷键并不需要熟悉的过程，在设置完成的瞬间就可以提高工作效率。一个人也能马上完成设置，所以每次遇到可能会用到两次以上的词语或文章时，我都会设置成快捷键。

设置的关键在于，要让我们在以后用到的时候能顺利回想起来。例如，设置成词语拼音的第一个字母，如"C""P""Z""G""L""K"等，或开头前两个字母，如"XN""GL"，等等。这样设置可以不必特意进行记忆，看到就能马上运用起来。

通过设置词语快捷键，即使写作能力没有提高，也可以帮助我们行云流水地写作。写文章将会变成一件愉快的事情，我们也不会像从前那样为之苦恼了。当然，如果坚持这样做，最终也能快速提高我们的写作能力。

不用努力花时间提高技能，直接就能提高工作效率，这简直就是真正的"魔法"，大家不妨尝试一下。

另外，也有人说自己在用智能输入法，这样就不用设置词语快捷键了，但两者配合着一起用的话绝对可以提高写文章的速度，大家可以抱着试一试的态度尝试一下这种方法。

◗ 掌握全局观，养成当机立断、立刻行动的习惯

独自工作的时候，最大的问题就是很难掌握全局观。有时候我们只关注眼前的问题，忽略了其他方面，但是也不会有人指出我们的错误。这样最终可能导致我们没有处理好重要的问题，一味纠结于细枝末节，没能找到关键的解决方法，最终浪费了很多精力。

为了避免这种情况发生，我们必须时刻努力掌握全局观，方法如下：

（1）试着站在高处来看待正在处理问题的自己。将感想写在几页A4纸上。

（2）对于开发客户、降低成本、培养人才、策划商品等问题，可以参考下列观点，将想法写在5～10页A4纸上。

①目标客户有哪些？

②问题的本质是什么？

③遇到了哪些瓶颈？

④有哪些影响因素？

⑤有哪些竞争对手？他们是怎么做的？

⑥怎样做才能为客户的问题提供最佳解决方案？

（3）请同事、朋友帮忙，将观点解释给他们听，并听取反馈。

（4）将整体情况记录在如图1-1所示的记录单中。

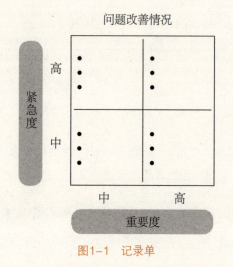

图1-1　记录单

（5）列出所有选项并进行评估（图1-2）。

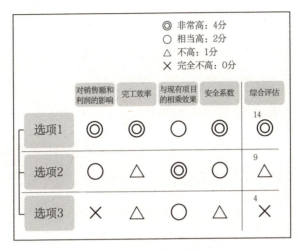

图1-2　列出选项、评估选项

注：列出对于评估选项较为重要并相互独立的4~5个项目作为评价标准。

（6）将刚刚做完的表格和选项等内容也解释给某人听。

通过坚持这样的练习，逐渐就能够以更开阔的视野俯瞰全局了。

随着眼前的视野逐渐开阔，工作效率也会得到提高，通过我们的不懈努力，将进一步掌握当机立断、立刻行动的能力。所谓"当机立断、立刻行动"，是指能够瞬间做出判断和决策，并即刻采取行动，不会磨磨蹭蹭，一直拖延。

要做到这一点，必须同时具有高效的决断力和执行力。但令人遗憾的是，即使是那些非常擅长工作的人，也有很多人做不到"当机立断、立刻行动"，或者他们并不想这样做。即使对于一些不需要特别纠结的事情，也没有什么特别的理由，他们并不会立即做出决断。

如果能改变这一点，对待事物的看法将产生巨大的变化，我们也可以更有活力地完成工作。所谓的犹豫，并不是为了找到更好的解决方法才迟疑不决，在大多数情况下，只是不想前进才犹豫，为了拖延而拖延罢了。

那么有哪些情况比较适合当机立断呢？具体如下：

- 具有先发优势的情况。

- 能够大致预知结果的情况。

- 就算失败也能够想办法挽回的情况。

- 不会因为当机立断而出现问题的情况。

- 事态非常紧急的情况。

- 在做第二次、第三次的时候。

然而，有时候也会有一些难以当机立断的情况，但其实也有解决的方法。例如：

- 对目标领域完全不了解的情况——可以向人求助，了解该领域的基本知识。

- 不用立刻做决定的情况——可以自己马上得出结论。

- 涉及的利益相关者较多，应该慎重行动的情况——也可以自己先得出结论。

- 一旦判断错误，就难以挽回的情况——只有这一点需要慎重处理，但也可以提前做好自己的完整规划。

通过上面的例子我们可以看到，只要经过训练，一般情况下都是可以做到当机立断、立刻行动的。

如果没有熟悉这个过程，就可能犹豫不决，无法在瞬间做出判断和决策。但即使心怀顾虑、犹豫不决，也并不能更好地解决问题，只是单纯在浪费时间罢了。想通了这一点，我们就可以更容易做到当机立断、立刻行动。

那么究竟怎样才能在合适的时机去当机立断、立刻行动呢？可以参考以下观点：

（1）对于几乎没有风险的项目，可以有目的地尝试当机立断、立刻行动。

（2）对于稍有风险的项目，可以在尽量控制风险的同时，有目的地去当机立断、立刻行动。

（3）对于风险较大的项目，可以向专家、有经验的人士等寻求帮助，从根源上深入了解问题所在，并做出自己的判断。

（4）向所有员工宣传当机立断、立刻行动的有益影响，彼此互相激励，坚持实践。

在独自工作的时候，周围没有能够激励我们的榜样，也没有人会认真地指导我们的工作，因此尤其需要我们自己努力提高工作效率。能否做到这一点，在很大程度上决定了我们的人生能否取得成功。

【从前的困境】

- 无意义地拖延时间。

- 明明可以尽早完成，但总是做不完，甚至迟迟不开工。

- 觉得很多事都不用着急。

- 认为加快工作会导致工作量变多，有意放慢节奏。

- 没听说过设置词语快捷键。

- 听说过设置词语快捷键，但是没有尝试。

- 听说设置词语快捷键很有用，试着设置了20个左右的词语，结果没什么变化。

- 设置了很多词语快捷键，但之后用到的时候想不起来，难以派上用场。

- 总是无法掌握全局观。

- 不知道怎样做才能掌握全局观。

- 觉得自己做不到当机立断、立刻行动。

- 尝试着当机立断、立刻行动，但遇到了困难。

【自学小测验】

- 是否对所有事情都在坚持提高效率？

- 是否设置了200～300个词语快捷键？是否能行云流水地写文章？

- 有没有坚持时刻掌握全局观，并努力做到当机立断、立刻行动？

成长的关键因素5　养成收集信息的习惯

现代是一个信息泛滥的时代。我们可以获得许多信息，但同时虚假的新闻也十分常见，因此能否准确地掌握信息就成了决定事业成败和自我成长的关键。同时，这也在很大程度上决定着我们每天的生活是否充实。人们能否灵活地运用信息技术，也将产生巨大的差距。

曾经我们可以边看边模仿上司和前辈们的做法，逐渐学会收集信息的方法。但现在时代已经不同了，需要我们自己积极地、通过适当的方法收集信息，最好能掌握一些最新的技术。要灵活地运用所有能用到的方法，不能只是一个人埋头收集。

要从平时就养成习惯，系统地收集相关领域的信息，掌握该领域的基本知识，这是非常重要的。

◾◖ 只要感兴趣就立刻开始搜索、阅读

在身边没有能指导我们的上司或前辈时，搜索引擎就是我们最值得信赖的依靠。

现在网络搜索的操作十分便捷，能否全面、灵活地运用搜

索引擎已经成为决定人与人之间差距的关键。虽然网络搜索并不困难，但就是这样微小的日常习惯和最基本的行为，日后却会产生巨大的差距。

因此，我在这里推荐大家在感兴趣的时候就立刻去搜索，阅读相关信息。不要去思考有没有意义，只要想了解就立刻条件反射地去搜索，并从搜索结果中挑选比较感兴趣的两三篇文章来阅读。

如果其中有很感兴趣、很有价值的内容，就继续阅读几篇相关文章。注意不要之后再读，一口气立刻读完的效果要好上许多。这样不仅没有负担，也不会忘记，而且更容易继续读下去。这肯定比过一段时间再读更能深刻地理解文章的内容。

之后再读的问题点在于，一般情况下，我们将越来越忙，抽不出阅读的时间。就算想着明天再读，明天应该也读不了，因为明天又会有明天的事要做。这样我们要读的文章就会越积越多，根本没办法读完。还有一点原因，随着时间的流逝，就算我们读了文章也很难深刻地理解其中的含义，甚至可能都忘记了为什么要搜索这条内容。

■◖ 设置提醒，不错过每一条重要推送

我们可以把工作中的所有关键词都设置到搜索引擎的提醒中。一般人可以设置30～50个，负责策划或开发新项目的朋友可以设置100个以上的关键词。我因为工作关系设置了300个左右的关键词。

具体要设置什么样的词语，可以参考以下例子，这些只是其中的一部分。我设置的词语种类十分广泛。

- 埃隆·马斯克[1]。

- 证券型代币发行[2]（STO, Security Token Offering）。

- 罗森[3]。

- 全家[4]。

---

[1] 埃隆·马斯克（Elon Musk），企业家、工程师、慈善家。任太空探索技术公司（SpaceX）首席执行官兼首席技术官、特斯拉（TESLA）公司首席执行官、太阳城公司（SolarCity）董事会主席。——译者注

[2] 一种代币发行的方式，其发行的代币具有证券属性，受证券机构与相关证券法律法规的监管。——译者注

[3] 罗森（LAWSON），日本便利店品牌。——译者注

[4] 全家（FamilyMart），日本便利店品牌。——译者注

- 针对亚洲的仇恨犯罪。

- 直播带货。

- 封城。

- 紧急事态宣言[1]。

- 依恋障碍[2]。

- 进化心理学[3]。

通过将关键词设置到提醒程序中，提醒程序将在每天早上为我们推送过去24小时之内包含这些关键词的最新信息。推送的内容不会因为我们的浏览记录而随意改变，将会严格按照最开始设定好的关键词推送相关信息。

我会在每天早上起床之后马上打开提醒程序发来的邮件，删除所有对于目前来说不是很重要的内容。然后按顺序打开邮件，点击值得一读的文章链接，文章会在新窗口显示，这时回

---

[1] 在自然灾害、传染病的爆发性流行、原子能事故等灾害、战争、恐怖活动、内乱、骚乱等危险逼近健康、生命、财产、环境等紧急情况下，日本政府根据法令，为了广泛提醒一般公众，对这种情况进行布告、宣言以发动特殊权限。——译者注

[2] 指个体难以形成爱、持久和亲密关系的一种症状。——译者注。

[3] 综合了生物学、心理学和社会科学的研究思想的科学。——译者注

过头来删掉邮件，再按照同样的方法处理下一封邮件。邮件处理完成后，我已经打开了当天要读的几十篇文章，接下来会一口气将它们读完。

我不会打开一封邮件读一篇推文，按照我的方法读起来更加省力，阅读体验也更为顺畅。

以百度为例，在搜索引擎中设置关键词时，可以和百度搜索一样，设置指定的过滤条件：

- AB——同时包含A和B。

- A或B——包含A或者包含B。

- （A或B）C——同时包含C以及A或B中的某一个。

- A-B——包含A但不包含B。

通过设置最后一条"A-B"，可以实现这样的推送效果：检索到所有包含A书名的推文，但删掉其中包含B［比如"煤炉"[1]（mercari）］的推销广告。

◾️ 利用30分钟，产生决定性差距

不管是使用网页搜索功能还是搜索引擎的提醒功能，都很

---

[1] 日本二手物品交易网站。——译者注

难在工作时间沉下心来阅读推文。工作时间还是要时刻注意保持效率，由于工作时各种任务接踵而至，其中还包括各种会议，让人应接不暇，因此无法静下心来安心阅读。如果不能安心阅读却还是要读，就会给我们带来压力，也无法理解阅读的内容。

我们可以利用每天工作开始前的30分钟和工作结束后的30分钟来阅读。在这个暂时可以放下工作任务的时间段里可以更加集中精力阅读，也更加便于我们理解文章的内容。就算是在远程工作的情况下，最好也要固定上班时间，这样做会比较轻松，和组员之间的沟通、合作也不会因此而懈怠。

我会在每天早上八点准时坐在书桌前准备开工。如果根据每天的心情任意改变工作时间，会打乱节奏，反而会给我带来压力。养成在固定时间工作的习惯，可以不用考虑其他事情，轻松地面对每天的工作。

如果我们能够灵活地使用提醒功能，将会成为团队里最出色的"消息通"，被大家另眼相看。大家会觉得"有什么事就去问他吧"，我们也将成为团队里十分可靠的存在，积极性自然也将随之提高，会想要再努力加把劲。大多数人并不会积极地关注各种信息，只要我们稍微读一读新闻推送，其实很容易就能达到这种效果，这也是一种良性循环。

　　另外，越来越多的人开始用手机或平板电脑来阅读新闻推送，但如果在家里或办公室里用迷你笔记本电脑连接大尺寸显示屏来阅读，将大大提高阅读体验感，这样不容易疲劳，也能尽量避免漏看相关的内容。

　　不仅如此，使用大屏幕也能提高搜索速度，清晰度也更好，而且阅读的时候不用低头，不容易产生疲劳感，姿势也会更加端正，减少肩膀酸痛的现象，因此向大家极力推荐这种方法。

【从前的困境】

- 即使有感兴趣的内容也放着不管，不去搜索。

- 有很多不知道该如何使用的词语，且数量越来越多，总觉得不安心。

- 读了新闻推送也没有好好理解。

- 被上司指责总是漏看重要的新闻推送。

- 设置了提醒功能，但总觉得用不惯。

- 想在白天阅读新闻推送，但总是无法集中精神，总是被打断。

【自学小测验】

- 是否养成了有感兴趣的内容就立刻去搜索，阅读相关新闻推送的习惯？

- 有没有把工作中需要的关键词和自己感兴趣的关键词都设置到了提醒中？

- 有没有利用工作开始前的30分钟和工作结束后的30分钟集中精力阅读新闻推送？

成长的关键因素6　坚持PDCA循环

PDCA是指计划（Plan）、执行（Do）、检查（Check）、修正（Action），是一种不断重复完善的执行方法。最初，在生产管理和品质管理等管理业务中，PDCA能有效地推进活动的进行，因而作为一种优秀的管理方法被人们广泛使用。但其实在所有业务和活动中，PDCA都是一种十分有效的方法。

PDCA的步骤非常简单，仅需要制订"计划"，"执行"计划，"检查"执行情况，并根据需要进行"修正"。

首先，在PDCA的计划阶段，我们需要明确地写出要完成的目标，最好能够将其量化。接下来需要落实具体方法，也就是写出完成目标要做的3个或5个步骤。

在执行阶段，只需要按计划执行。但在执行时要注意3个要点。第一，尽量在计划开始日之前就提前执行。如果在计划开始日之前动工的话，精神上会比较放松，能以轻松的心态开始工作。第二，每个具体的步骤都要有相应的执行期间，如3天或2周，在执行该步骤的第一天做出全局概览，制定预期目标。

举个例子，如果某个步骤是要用5天时间写10页企划书，那就在第一天用10页A4纸粗略地写出要点。写的时候大概是这种感觉：封面没什么问题，能顺利写出来；目录页也只需要稍微考虑一下就能写出来；每章的最开头一页也没有太大难度；至于每章后面的具体内容，每页只需要花上10～15秒时间大致写写画画，比如这一页要写这句话，这里要画一个柱状图，等等。

第三，在执行计划的时候，如果有不理解的地方，不要有顾虑，应该立刻向其他人寻求帮助。一般情况下，我们也许不好意思开口问上司，这时可以去请教前辈或同事，问他们相对更容易开口。要注意我们不能什么也不做就直接四处询问，要自己先努力调查相关信息，如果能做好这一点，在此基础上向他人请教，绝对不会有人对此感到不满。

在检查阶段，需要确认执行阶段是否有按计划执行最初的计划。这个阶段的关键在于一定不能随意敷衍，应该站在第三者的角度，尤其是上司的角度，冷静、彻底地审查之前制订的计划实施到哪个步骤了。

在修正阶段，需要根据检查阶段的情况对计划和执行项目进行修正。这个阶段的关键在于不要轻易地进行修正。在很多情况下，通过加倍努力或调整具体做法，总能想办法完成最初的计划。不妥协、不轻易改变现状，抱着一旦决定了就要拼命完成的态度去工作，更加能够让我们获得成长。

以上是对PDCA各个阶段的说明。在大致掌握了这种方法后，还有一件更重要的事，就是希望大家在运用PDCA方法的时候，能够掌握瞬间反应、高效行动、不断重复执行的习惯。具体而言，就是通过不断提高工作效率，迅速写出PDCA的计划，然后马上执行，接着检查执行情况，最后对不恰当、不充分的地方立刻加以修正，并不断重复这个过程。

另外，不必严格遵照字面上的"PDCA"，可以将其看作"pDcA"，即在循环中重点关注执行和修正这两个阶段有没有顺利进行。

PDCA是一个不断重复改善的过程，从这个意义上来说，它对于一切需要提升技能、提高准确度或质量的业务和活动来说应该十分有效，但实际上擅用这个方法的人并不多见。

独自工作的时候，很容易习惯于自己的工作节奏，陷入一种"温水煮青蛙"的状态。最近的新人员工都是远程工作，他们既不了解公司内部的工作节奏，又因为上司的工作指令不够明确，常常为了工作而困扰。现在基本都是一个上司（一般也只是刚进公司第二年的员工）负责15～20个新人员工，但实际上上司对下属也可能是完全放任不管的状态，所以我们只能通过自己的努力好好完成工作。

在实施PDCA的过程中，最大的问题可能在于原本计划着不断重复PDCA循环，但实际上却几乎很难做到。如果身边有优秀的上司或前辈，我们就能够参照这些优秀的榜样来学习他们的做法，同时他们也能立刻指出我们在实施PDCA的过程中的不足之处。但如果是独自工作的话，就只能自己花心思去努力完成了。

■C 坚持改善，必有收获

如果我们无法获得上司或前辈的反馈，就很难知道自己的做法是否正确，也不知道自己有没有取得进步。在这种情况下，只有一种方法可以切实地帮助我们取得进步——那就是"坚持改善"。只要坚持改善下去，可能会稍微多费一些功夫，但一定可以成长，也早晚会有收获。

关于这一方法，不管是世界一流的运动选手还是在国际舞台上占有一席之地的企业都有着同样的认知。想要成功，没有任何捷径或参考答案，能做的只有坚持改善下去。

举个例子，假如我们需要在每周一将上一周有关区块链的新闻推送整理成20页左右的报告书，要怎么做才能坚持改善，重复实施PDCA循环呢？

第1周：利用搜索引擎的提醒功能设置好大致的关键词。这些应该可以覆盖相当一部分新闻推送，但可能还是漏掉了许多信息。

第2周：从读过的新闻推送中选出30个新的关键词，添加到提醒中，应该能够覆盖80%左右的新闻推送。

第3周：重新检查一下报告书的整体结构，并做出相应的修改，将其整理成对于经营管理更有意义的形式。

第4周：通过修改报告书，可能会发现一些新的关键词或新的着眼点，重新检查一下百度提醒中设置好的关键词，并加以改善。

第5周：经过之前的修改，报告书已经更加清晰易懂、言简意赅了，基本上没有遗漏的信息。同时，根据上司的反馈，添加补充了技术方面的观点和法律法规方面的内容。

第6周：从了解金融厅相关信息的朋友那里获得了有关法律法规的信息，并添加到报告书中。

第7周：在每一页中添加有助于经营决策的详细内容。

第8周：整理各页内容，使其更加清晰易懂。

如上所述，可以像这样不断地坚持改善下去。每周都要尽力做到最好，随着之后的进展，在此基础上还是能发现新的改善方法，从而能够不断地重复PDCA循环。

▪️ 至臻至善，不为一时成果停下脚步

不管是冲销售业绩还是撰写资料，只要付出努力，就会得到相应的成果。但是我们仍然要继续追求更好的结果，这样的态度非常重要。有了这样的态度，就能进一步得到改善。这就是"自驱型"行动模式，当上司或前辈不在我们身边的时候，这种态度就变得尤为重要。

幸运的是，我从学生时代开始在这方面就十分擅长，不用费太多工夫，自然而然地就能主动采取行动。但有一点问题，如果有截止日期的话还好，没有截止日期的时候就有些不尽如人意了。比如写博客就没有截止日期，时间比较自由，我就不是很擅长。因为我总是忙于眼前的工作，基本没有时间着手写博客，好不容易努力写了几篇文章，下次又是好几个月没动笔，像这样的情况经常发生。写书的时候就好得多，因为出版社给出明确的截止日期，所以我总能顺利交稿。

不擅长自驱型行动的人可以试着参考以下做法：

（1）多结交一些擅长自驱型行动、性格又十分开朗的朋友。

（2）保持每两个月一次的频率，分别请他们吃饭，以此激励自己。

（3）积极报名参加资格考试、留学项目、商业计划竞赛等活动。

（4）向同事、朋友公开自己的目标。

（5）把自己的目标发到脸书和自己的脸书群组、推特里。

（6）邀请伙伴，一起利用每天早上或午休时间做几页"A4笔记"练习。

关键在于利用外界压力，向同事、朋友公开，以及借助他人的能量。

▪← 带动全体团队，培养PDCA习惯

还有一点非常重要，我们不仅要自己坚持改善，还要向全体团队宣传PDCA文化。这样做的话，当我们在状态不够好的时候，或陷入恶性循环难以自拔的时候，我们就能向其他团队成员寻求帮助了。

所谓PDCA文化，是一种把握问题、解决问题的态度，具体做法是迅速设立假说、制订计划，然后立刻执行，再检查执行结果，并根据需要加以改善，最后不断地重复以上过程。如果整个团队都能坚持这种做法，就能够迅速解决所有问题，同时还能防止同样的问题再次发生。

培养PDCA文化将使团队内的每个成员，以及整个团队都能迅速地把握问题，并雷厉风行地解决问题。

培养PDCA文化，需要做到以下几点：

（1）彻底贯彻假说导向方法。假说导向是指在某个想法的雏形阶段先设立假说，在此基础上进行检验、修正，然后再次设立假说以提高准确度的方法。通过这种方法，能够迅速把握全局观，发现对应的问题，工作效率将得到惊人的提高。

（2）不追求完美的计划。如果一个计划差不多能行，就可以想办法实施，立刻开始行动。在实施阶段将会发现新的问题，便于设立准确度更高的假说。

（3）在设立了假说之后的执行阶段，如果发现和预期设想有所不同，就大胆地转换方向（检验、修正的过程）。

（4）团队里肯定既有擅长PDCA循环，不断坚持改善的成员，也有对此不擅长的成员，请那些相对擅长的成员分享自己的心得。

有人说PDCA已经过时了，现在流行的是OODA（包以德循环），即观察（Observe）、判断情况和定位（Orient）、做决策（Decide）以及行动（Act）。但实际上这只是换了新的名称而已，本质上要做的事情并没有什么变化。我们没有必要纠结于一个名称。最重要的一点，在于要彻底贯彻并掌握"假说导向"，做到这一点就足够了。

接下来我将进一步说明在实施假说导向方法的过程中，应该怎样逐步对假说进行深化。这里以策划开发一款30～40岁年龄段的交友应用程序（App）为例。

第1个假说：在30～40岁的目标群体中，有越来越多的人因为家和工作地点的两点一线或是因为远程工作而缺少交友的机会。这部分用户的交友需求很强烈，但市面上很少有App能解决双方需求不匹配的问题（用户满意度低）。App如果能解决这个问题，未来将大有市场。

第2个假说：如果男女双方都奔着"完美对象"去的话，是不可能匹配成功的。在现实社会中，大家都是在妥协中挑选另一半的。很多用户在交友App上就是想追求完美，我们很理解用户的心情，但这很难实现。

第3个假说：根据以上假说推断，我们应该提供一种不给用户过高期望的匹配系统。可以改变问卷调查的提问方法，引导用户对合适的对象产生期待，比如让用户认为"这个人应该跟我很合得来""跟这个人在一起应该会很开心，不心累，很轻松"，等等。同时还可以对匹配方式、画面布局、用户间的第一次打招呼方式进行相应的设计。

第4个假说：具体而言，可以请男女双方各自填写两份调查问卷，每份设置100个左右的问题，分别是关于自我认知和对交友对象的要求。在宣传的时候可以将此作为卖点，强调该App拥有针对每个用户完美适配的算法。此外，如果问卷内容涉及对收入、外貌的要求，就容易给用户带来过高期望，因此在进行匹配的时候，应该尽量把重点放在价值观、兴趣、对约会的期望、生活方式是否一致上。

第5个假说：该假说的核心观点在于，即使对外貌、学历、收入水平有所不满，但只要两人志趣相投，就有机会陷入爱河，要彻底展现并强调两人志趣相投的一面。

我们可以像这样不断设立假说，逐渐深化观点。这是PDCA循环中最重要的一点。

【从前的困境】

- 听说过PDCA这个概念，但是从来没好好尝试过。

- 在计划阶段耗费了过多精力，没有付诸实践。

- 一有成果就满足，安于现状，不再继续。

- 团队里只有少数人坚持PDCA循环，没有在整个团队中施行起来。

【自学小测验】

- 是否理解通过坚持改善就能取得成果？是否已经通过实际行动取得成果？

- 是否即使有了成果也在继续坚持改善？

- 是否向全体团队宣传了PDCA文化？具体做了什么？

成长的关键因素7　创造良性循环

真正擅长工作的人总能灵活运用构建良性循环的方法，如果我们能亲眼看到他们取得的良好成果，就会深深地被触动，叹服道："原来如此！原来工作应该这样做才对！"同时自己也将加倍努力工作。人们从前就是通过这样的方法来指导后辈工作的。但现在我们已经很少有机会目睹这种良好的示范了，因此我们必须通过自己的努力达到良性循环的效果。

▪◐ 自力更生，达成良性循环

所谓"良性循环"，是指自己想做的事受到多种有利因素的影响，实现起来更加简单、有把握。我们可以通过自己提前布局好的多个因素引起良性循环，制造有利条件，从而实现目标。

这里说的良性循环并不是只有单纯的因果关系，而是要提前做好各种布局，先发制人，有意识地制造有利因素。之后这些因素相互作用的结果将会进一步产生更好的良性循环。

上司和前辈不能帮我们创造带来良性循环的条件，我们需要自己播种，坚持耕耘，最终才能实现良性循环。这个过程并不短暂，但将在几个月后，或几年后收获巨大的果实。

大家可以参考以下四个步骤培养能够达到良性循环的方法：

（1）明确自己想实现什么目标（这是一切的起点。要设置一般无法快速实现的目标，比如"在一年之内出书""定岗后五年内调去新加坡工作"等）。

（2）思考一下，如果想让目标更容易实现，需要什么样的理想情况。

（3）进一步思考怎样才能达到这种理想的情况。

（4）认真研究自己具体要怎样做才能实现上面的情况。

关键在于不要直接追求利益和结果，要考虑之后的步骤，即提前两步想好应该怎么做。如果能自己创造良性循环，工作将取得大幅进展，同时对心理健康也非常有益，可以帮助我们培养自信心。

以"在一年之内出书"为例，可参考以下步骤：

（1）目标是"在一年之内出书"。

（2）理想情况下，最好能在半年之内和5家出版社的编辑取得联系，和一家出版社敲定策划方案。

（3）为了实现步骤二，每个月要写10篇关于目标内容的博客，3个月便可以完成30篇，证明自己有较强的写作能力。每篇博客以3000~3500字为标准。

（4）为了实现步骤三，找出3个自己想写的主题，每个主题分别阅读70~100篇相关文章；向四五个熟知这些领域的朋友请教；试着分别写出30个博客标题。

另外，如果想"定岗后5年内调去新加坡工作"，可以试试这样做：

（1）目标是"定岗后5年内调去新加坡工作"。

（2）理想情况下，3年内可以申请公司的海外人员征集项目。

（3）为了实现步骤二，要在两年之内努力提高销售业绩，争取能在同期同事中脱颖而出；参加公司的新项目策划比赛，增强自身实力；提前和公司的管理策划部门建立联系。

（4）为了实现步骤三，要在一个月之内根据前辈交接的客户名单一一拜访他们，同时根据房产信息，以各管辖地区及其周边地带为单位，分别做出对应的潜在客户名单，争取以最快的速度做出成果。

▪ᓚ 时刻留心，提前播种

创造良性循环，我们可以做的有：

（1）如果有后辈、朋友前来向自己请教，要站在他们的立场真诚地提出建议。

（2）如果有人向自己请教问题，即使自己不了解也要简单查询相关信息给出答复。

（3）在设置的提醒上看到有意思的英语推文，转发给组里其他人看。

（4）开始以感兴趣的领域为主题写博客。

（5）遇到十分感兴趣的领域时，多读几本相关图书，丰富知识储备。

（6）如果在幕张或东京国际展览中心有自己感兴趣的展览会，就算家在其他地区也要一年参加几次。

（7）如果有人拜托自己担任同学聚会的组织者，就答应去做。

（8）如果有人拜托自己推荐参加活动的合适人选，就在能力范围内尽量帮忙。

（9）为了创造去其他国家出差、驻外工作的机会，平时就坚持学习英语。

能做到以上几点的话，毫无疑问已经非常优秀了，但这些事并不会给当前的你带来很多利益。因此，我们一旦忙碌起来，很容易就把这些事暂时推后，不知不觉中就会完全忘记。大概只有十分之一的人才能坚持努力做到这些事，这非常了不起，而且在多数情况下，如果我们朝着明确的目标去行动的话，早晚都会有所收获。

然而，如果没有从容的心态，行动起来会十分困难，这时我们可以和一些关系比较好的同事、朋友聊聊天，互相激励。比起什么都不做，提前行动绝对更有好处，其中有些事可能会成为我们的铺路石，助力你在人生道路上前行。人生时有顺风吹起，但如果我们不扬开帆，便无法感受到风的存在，也无法顺风而行。当有顺风吹过时，请全力扬开帆，顺风起航吧。届时，许多事情会在我们意想不到的时机接连发生，例如：被委任重要工作；负责公司的大型项目；收到重要职位的录用通知；有机会见自己想见的人；被邀请进行演讲；接到写作邀请；策划举办的讲座反响热烈，参加人数超出预期，又再次收到策划讲座的邀请，等等。

◖ 静待结果，不抱过高的期待

在完成播种之后，我们要不抱过高期待地静待结果，这一点非常重要。如果期待过高，你不仅会感到疲惫，还可能会做出不必要的行动，造成一些不好的结果。如果不抱过高期待，只静待结果，某些因素可能会在我们意想不到的时候发挥作用，促使我们获得巨大的成果，这些成果可能还会带来新的收获。

不管我们期不期待，该发生的会照常发生，不会发生的自然也不会发生，因此不抱过高期待就不会感觉疲惫，也并没有浪费任何机会。这大概是一种类似于"瓜熟蒂落"的感觉。也许有人会担心自己的努力白费，但其实并非如此。因为我们做的事是必须做的，这些事或是对他人有好处，或是对我们自己有好处（如帮别人查资料、写博客等），我们通过播种，之后都会有所收获，因此绝对没有浪费自己的努力。

【从前的困境】

- 想要做某件事，但总是不顺利。
- 想象不到良性循环是什么样的。

- 多次尝试播种，但总是白费力气。

- 总是忍不住期待结果，但最后什么也没发生，感觉心累。

【自学小测验】

- 有没有尝试列举出自己应该在哪些领域培养良好习惯，从而达到良性循环？

- 是否思考过今后有哪些对自己有利的理想情况？有没有针对性地做一些播种？

- 在播种之后，有没有以平和的心态等待结果？（着急是大忌。）

成长的关键因素8　认真倾听，获得信赖

在职场中，有的上司和前辈总是认真倾听别人说话，他们被周围人所信赖，为我们树立了优秀的榜样。但当我们独自工作的时候，因为周围没有了一起工作的上司或前辈，所以也就失去了优秀的楷模。

因此，我们要尽量和学生时代的朋友、有共同兴趣的朋友、亲戚以及其他人多见面，主动去寻找能认真倾听他人说话、被他人信赖的优秀榜样。俗话说得好，百闻不如一见。通过观察别人，我们更容易发现自己在倾听和沟通上的问题。这些知识光从书本上是学不到的，只能自己去体会，有所感触，才能铭记于心。

◾▷ 全神贯注地倾听对方说话

不管是在与上司、前辈或后辈等同事沟通时，还是在与朋友沟通时，我们都需要倾听别人说话。倾听是人类所有活动中最重要的行为之一。

认真倾听，不仅能够了解对方想表达的含义和对方的烦

恼，更容易被对方信赖。因为有太多人根本不听别人说话，只顾着自己表达，所以对于能认真倾听的人，人们会对其表示感谢、欣赏，并信赖他的为人。

在认真倾听对方说话的时候，如果有不理解的地方，不要忍住不问，最好立刻仔细地问清楚。不过根据具体情况不同，有时可能要稍微等一会儿再问比较好。这种倾听的方法不是单方面地恭听、聆听，我将其称为"积极倾听"（Active Listening）。

在倾听对方说话时必须注意的是，你绝对不能有下面的想法：

"什么时候才能说完啊。"

"又在说这个了，都听了5次以上了。"

"他说话好让人着急啊，是不是脑子比较笨啊。"等。

即使你装作好好在听的样子，对方也一定会察觉到这种心不在焉的状态。可能有人觉得不会被对方发现自己没有在认真倾听，但实际上真的会被对方察觉到。因为人类的感官非常敏锐，我们的表情、声调，以及身体微妙的朝向等表现都能展现出我们的想法。

另外，在倾听对方说话的时候以下的想法也是不可取的：

"等他说完了我就这么说……"

"他这里说错了，我纠正他一下吧。"等。

即使把对方的话全部都认真听完，并好好地理解，获得了对方的信赖，也不能有以上想法。因为这样会暴露自己其实并不是真心在听。好不容易被对方信赖，这样做就前功尽弃了。

"积极倾听"最大的敌人是自己的表达欲。想要做到"积极倾听"，必须要全神贯注地倾听到最后，这是一切的起点。如果我们只顾着自说自话，那便无法做到"积极倾听"。

那么，怎样做才能抑制自己的表达欲呢？

我们之所以想要表达，基本是出于以下想法：

"想让别人听听自己的事。"

"想说说今天发生的事。"

"想让别人关注自己。"

"想让别人理解自己的心情。"

"想说出来缓解焦虑。"

"别人说错了，想要纠正一下。"

"担心别人的处境，实在看不下去了，不能置之不理。"等。

这些想法是源于一种以自我为中心的表达欲和想抒发情绪的欲望。这并不是真的关心对方，只是把自己想说的说出来而已。对方可能会因此产生这样的感觉：

　　"他好像没有认真听我说话。"

　　"原来我的事对他来说无所谓。"

　　"原来他只关心自己的事。"等。

　　我们应该回到沟通的起点，停止单方面地表达，考虑如何认真倾听眼前人的话，如何深入理解他的话，以及之后如何处理谈话的结果。这非常关键，也是一个很重要的课题。我想大多数人，包括我在内，都有着巨大的改善空间。

　　有许多上司因为下属拒绝和自己沟通，或下属只会按照自己的命令行事而烦恼；也有许多父母因为孩子拒绝和自己沟通，或孩子完全没有干劲而困扰。实际上我经常接到这样的咨询，可以说几乎所有人都有这样的烦恼。

　　然而，从客观的角度来看，这些上司或父母其实并不是真的关心下属或孩子，他们完全没有打算倾听对方的需求，只看到了自己想看到的。在这种情况下，下属或孩子都不会产生真心沟通的意愿。

　　我曾向许多前来咨询的客户强调过"积极倾听"的重要性，并对他们每天坚持"积极倾听"的结果提出建议。通过这种做法，许多客户接连取得了巨大的成果，然而，其中也有几位客户表示有两点问题始终无法得到改善，一是即使知道"积极倾听"的重要性，也无法集中精力去倾听；二是总是忍不住插嘴。其实我很怀疑这几位客户究竟是不是真心想去"积极倾听"，只是他们的态度都非常严肃，让我觉得自己的怀疑毫无根据。希望大家注意不要犯相同的错误。

◾︎ 通过提问掌握问题的本质

我们如果能够熟练地运用"积极倾听"，就能迅速地看清问题的本质。所谓问题的本质，指的是现有的问题究竟属于什么问题，由于什么原因引起的，以及会产生多大的危害。

无法看清问题本质的人总是会被表面的问题迷惑。他们不会去思考哪些问题重要，哪些问题不重要，又或是因为知识储备不足，无法做出正确的判断。如果是新人员工的话确实难以避免，但是想要顺利地工作，必须在进入社会工作后的几年之内掌握这种能力。

如果我们养成了"积极倾听"的习惯，就能通过认真、透彻的倾听让对方敞开心扉，讲出真心话，还能通过适当的提问进一步丰富对话内容，并在对话的过程中逐渐看清问题的本质。

有些问题不管我们翻阅多少资料都不能理解或很难定位，但通过"积极倾听"却可以在很短的时间内发现问题。通过"积极倾听"，我们甚至能够自然而然地掌握在什么时候、以什么样的顺序进行什么样的提问，并能够付诸行动。

认真倾听，不仅能帮助我们理解情况，还能看透问题的本质，这就是"积极倾听"的优势所在。

比如，假如有人提出不满，认为ZOOM会议时间太长，没完没了，这时，我们需要听取对方的意见。如果遇到不理解的地方，再进一步深入询问。谈话结束后，可能还存在一些问题，但至少弄清了这不是会议负责人的问题——是由于公司的市场营销基本方针还没定下来，而且针对投放电视广告还是网页广告的问题，在经费预算和投放顺序等方面公司内部还存在不同的意见。最后可能还会发现，这些问题的根本原因在于社长的老朋友成了公司的广告代理商，他突然"空降"下来才造成了这些问题。

如果只从表面看问题，我们就会使用错误的解决方法（拿上文的例子来说，可能会错误地认为更换会议负责人就能顺利解决问题，或以为增加参会人数就能顺利地展开议题，等等），但如果理解了问题的本质，我们就知道应该慎重考虑是否要和社长的老朋友，即那位广告代理商继续合作下去。

通过不断提问的方式，从表面问题出发逐渐深入分析，最终可以看清问题的本质。有条件的话最好能够与其面对面交谈，但使用ZOOM会议也是能够做到的，没有太大问题。

▪☛ 把握问题本质，答案呼之欲出

也许有很多人认为，"积极倾听"只是一种倾听的技巧，或是稍微恭谨一些的倾听方法，最初我也有着相同的看法。然而，当我亲自尝试并坚持"积极倾听"之后，我才发现根本不是这么一回事。"积极倾听"不仅能够帮助我们看清问题的本质，还能使我们自然而然地了解问题的解决方法。

在我们倾听、不断提出问题、对方回答问题的过程中，问题的本质逐渐浮出水面，与此同时，我们也将在一瞬间恍然大悟："原来如此，原来是这么一回事！那这样做是不是就可以了？"这时便能准确地把握问题的关键，以及它是怎样产生影响的——原来问题的关键在于缺少一些必要条件，或某些因素导致了该做的事情不能顺利进行，等等。了解了这些因素后，我们就能自然而然地找到问题的解决方法。

谈话结束后，如果能掌握问题的本质，在多数情况下，解决方案也会呼之欲出。如果人们拥有出色的能力，只要能正确地认识问题，就能自然而然地找出解决方法。

比如，一位管理者朋友向我们抱怨"工作量太大，忙不过来，下属犯错的次数也变多了"，通过倾听，我们也许能够发现，问题的本质并不是工作量太大，而是由于朋友没有对下属做出适当的指示，导致下属返工两次甚至三次，同时在下属工作的过程中也没有给出任何建议，等等。知道了这些原因，也就掌握了解决方法。可以建议朋友通过任务工作表等书面形式向下属传达指令，这样将大幅减少错误量，也不会造成返工，多出来的时间可以用来给下属提出一些积极的建议或指导方案。

再举个例子，如果有后辈正因为"和其他部门的合作不太顺利"而困扰，通过倾听，我们也许能够发现，问题的本质不在于合作时缺少沟通，而是由于各部门的责任分工有重复的地方，因此不管怎样留心注意，各部门之间每次还是会出现冲突，或互相干涉的情况。知道了这些原因，就能够了解，在改善和其他部门的沟通问题之前，应该叫上自己部门的负责人，和其他部门一起重新探讨相关责任分工，这样各部门的责任划分会更加明确，合作也能够顺利地进行下去。

【从前的困境】

- 听不进去别人的话，就算听了也不理解。

- 不能听完下属的话，总是会在中途打断。

- 本来打算听听下属的意见，但最后却只会训斥下属。

- 不管怎样倾听，都无法掌握问题的本质。

- 虽然倾听了，但还是无法完全掌握问题的本质，也不知道怎么解决问题。

【自学小测验】

- 是否不管在什么时候都能全神贯注地听对方说话？有没有考虑其他事情？

- 通过全神贯注地倾听，是否感觉自己已经能够掌握问题的本质？实际上看清问题的本质了吗？

- 在一定程度上看清了问题的本质之后，是否能很快找到问题的解决方法？

成长的关键因素9 助力工作的"主动读书法"

在以前的职场中，优秀的上司和前辈们会通过博览群书丰富知识储备、修养身心，下属和后辈们可以从他们的行为中深受鼓舞。有的前辈还会向其他同事展示自己书房中珍贵的藏书。

现在这样的机会变少了，因此，我们必须自己主动读书，通过努力追求素质和能力的提高。如果一个人能够主动认真地读书，将在之后的工作表现中与他人产生惊人的差距。

◖ 读书是"自驱型学习"中必不可缺的要素

在很难从上司和前辈那里得到建议的情况下，读书就变得至关重要。读书不仅可以帮助人们解决眼前的问题，还能拓宽人们的视野。人们可以通过读书接触各种各样的价值观，了解他人的痛苦；加深自己对古往今来伟大领导者的看法，全面促进素质的提高。

我建议大家每月都至少读4本书，最好能读10本左右。

书的题材不限于商务类书，还包括科技类、自然科学类、国际关系类、经济类、历史类、哲学类、心理类、小说等，只要对某个领域感到好奇或感兴趣，都可以阅读相关图书。

关于读书的媒介，大家可以根据个人爱好选择用纸质书或电子书阅读。我是以读纸质书为主的，因为纸质书方便用笔在书上自由画重点、批注，读完之后很有成就感。

▪❣ 以行动为导向的"主动读书法"

读书非常重要，但如果只是读过就再也不管了，或读过就满足了，未免太可惜。

正确的做法是采取以行动为导向的"主动读书法"，这种方法与之前的做法相比，能够给自己带来更高的价值。以行动为导向的"主动读书法"具体做法为：读过之后马上付诸行动；挑战未知的领域；进一步了解并在脸书上发言，等等（详见拙作《麦肯锡精英高效阅读法》，这本书中介绍了能帮助人们主动展开行动的读书方法）。

以我最近的经历为例，2020年11月，我从同事那里听说了数字化转型（DX）的重要性，之后在油管网（YouTube）上学习了相关知识，又读了6本关于DX和GAFA的书，看了100篇以上相关网络新闻推送，并和专家们通过邮件进行了沟通，在ZOOM上与专家们进行了多次讨论。在此基础上，我举办了4次讲座，向350多名参加者阐述了自己的观点。在讲座上我提出，DX不只是一种信息技术项目，同时也是一种由管理者主导的企业结构改革，并希望能以此推进企业管理改革项目。

其实我从前也没能做到"主动读书"，甚至把读书当成了一种逃避手段。只有在必须整理某份报告书的时候，或明天以前必须完成某个任务的时候，才会想要拿起堆放在桌子上的某本书来读，以此来拖延那些该做的事，一直到不能再拖下去为止。另外，当读完了某本书的时候，我也不会采取任何行动，只会在便签或笔记本上做读书记录，记下我这个月读了几本书，并以此沾沾自喜。想起当时的情景，现在我有种恍如隔世的感觉。

◗ 向他人分享读后感

在读过某本书之后，推荐大家向朋友、家人分享我们的感想，或在会议上与他人讨论，向他人介绍书的内容。这样做可以帮助你理清思路，深入理解书中的内容。

我经常听人抱怨说，自己不管读多少书都记不住书中的内容，其实这并不是因为头脑不够聪明，只是因为没有认真读，或读书的环境让人难以集中精神而已。

今后在读书的时候，我们可以试着想象一下向其他人介绍书中内容的场景，边读边用彩色记号笔画线，标出重点内容。每当读了一本有趣的书之后，我们就向其他人介绍书的内容、分享读后感。只要能做到这些，就能够更好地理解书中的内容了。

我们的理解力和注意力绝对不是一成不变的，而会根据具体情况产生巨大的波动。在读书的时候，如果能时刻想着要把有趣的内容分享给他人，将帮助我们大幅提高理解力。

【 从前的困境 】

- 读了书也记不住书中的内容。

- 完全没时间读书。

- 有该做的事但不做，为了拖延而读书。

- 努力读了书，但无法向他人介绍书中的内容。

- 读了书也没什么变化。

【 自学小测验 】

- 有没有每个月读4～10本书，不断坚持激励自己？

- 有没有尝试以行动为导向的"主动读书法"？有没有在读书之后付诸行动？

- 有没有在读书之后向朋友介绍，或发表相关博客，或在社交网站上发布相关信息？

成长的关键因素10　结交伙伴，激励自我

当我们与上司、前辈或同事一起工作时会有很多机会受到他们的鼓励。在我们感到焦虑时，他们也会主动关心问候我们。而现在我们身边虽然有家人陪伴，但他们并不了解我们的工作情况，就算他们主动关心问候，也只能给我们提供精神上的支持。

当我们远离工作伙伴独自工作的时候，最好想办法改善这个问题，否则将很容易感到痛苦。人类并不擅长忍受孤独，虽然宠物可以填补我们内心的空虚，但它们肯定无法与能够帮助、支持我们的伙伴相提并论。

平时，就算是在家里工作，也可以在傍晚约朋友去家附近的咖啡厅或共享办公室坐坐，和他们聊聊天；或者早上起床后去咖啡厅工作一会儿，等等，这样做有利于维持精神的平衡。要是只在ZOOM上与朋友简单聊几句，很难起到转换心情的作用。虽然人类能够适应环境，但精神和身体都需要时间慢慢去适应，我们无法完全适应刚出现不久的新事物。

正因为远程工作使我们无法与上司、前辈和同事一起工

作，所以我们更要时刻注意哪些因素对人们来说是自然舒适的，哪些情况是健康的，要有意识地采取措施。要是等到身体不适，或精神状态出问题之后再想办法，就已经很难挽回了，甚至很可能造成无法挽回的伤害。

■❯ 自驱型学习中不可或缺的伙伴

在如今这个时代，人们的工作方式已经改变，和上司、前辈一起工作的机会变少了，论资排辈制也逐渐被实力主义取代，我们不能再等着别人来指导，必须通过自己的努力想办法取得成果。

以前那种只要归属某个组织就能按部就班地取得成果的时代早已结束，而且我们不需要也最好不要一个人包揽所有的工作。在这样的情况下，伙伴的存在相较之前就变得更为重要了。

我说的伙伴是指那些朝着同一个方向共同前进的人，或者虽然方向不同，但是双方都在为实现某个目标而努力奋斗，彼此之间能够产生共鸣的人。

首先，在脑海中列出几个名字。就算现在和他们的方向有些偏差也不要紧，在彼此相互问候、关心的过程中，你们将成为非常重要的伙伴。

那么要怎样做才能结交伙伴呢？可以参考以下做法：

（1）从比我们拥有更多经验的前辈、同事或比我们经验稍微少一些的后辈中间选出5~6个和自己价值观相近的人，依次邀请他们一起吃饭。最好选择一起共进晚餐，这样时间比较充裕，心情也比较放松。

（2）与他们聊聊自己的烦恼和目标，也听听对方的想法。

（3）如果感觉彼此价值观统一，性格也合得来，就每隔一段时间一起吃一次饭。

（4）适当问候、关心彼此的工作情况和私人生活情况。

以上这些在远程工作时代也完全能够做到，我们要多加留心，但不用有过多的顾虑，只要行动起来就好。

▪◖ 互相鼓励，共同振作

之所以伙伴这么重要，是因为当我们提不起精神的时候，我们可以受到来自他们的鼓励。能一直保持工作积极性的人非常少，因此当我们打不起精神的时候，如果身边能有鼓励我们的伙伴，是一件十分值得感激的，甚至可以说是不可或缺的事。

可以和伙伴们一起建立脸书或连我（LINE）的群组，互相发送彼此的工作进度、心情、感想等，不用费什么工夫就能起到互相鼓励的效果。

如果不仅仅可以做到互相鼓励，还能互相传递正能量、激发斗志、分享知识，那就更好不过了。

目前我正在举办一个叫作"《零秒思考》赤羽雄二"的线上会议，邀请了全日本220名以上的朋友（其中一半来自东京，一半来自日本其他地区，此外还有4名朋友来自美国、新加坡、越南等地）参加，大家每天都对其他人发表的信息评论、留言，相互之间都受到了极大的鼓舞。尤其是对于那些身处外地、周围很难找到伙伴的朋友来说，通过这种方式能够轻松地建立全球关系网，是一次非常好的机会。

▪︎◖ 不必成为挚友，重点在于分享价值观

我不会使用"挚友"这个词来形容伙伴，因为这个词对我来说过于感性，并不是十分恰当。

我们可以有好几位共同分享价值观、心意相通的伙伴，和他们见面、聊天非常愉快，也很有意义，但这和挚友不同，挚友意味着彼此非常亲密，可以分享一切事情，一起共度许多时

光，是一生的心灵之友，而伙伴之间并不是这种感性的关系，也并不是为了排解孤独才聚在一起的。

也许是我在揪字眼，但我确实认为现在越来越多的人追求的并不是从前的那种挚友关系，而是更希望结交一些能分享价值观的伙伴。如今我们一直用手机在社交网络上和他人保持着联系，对于孤单的感知程度也和从前不同了。很多人因为自己没有朋友、不擅长人际交往而苦恼，但也许这种想法太过理想化，认为没有朋友面子上过不去，或者觉得正常人肯定会有两三个朋友。但我认为并不是这样，我们没有必要勉强自己频繁地和朋友见面，也不必为了交朋友而勉强自己做不喜欢的事情。

【 从前的困境 】

- 没有能说真心话的伙伴。

- 以为对方是自己的伙伴，但却事与愿违，彼此的想法差距太大。

- 没有伙伴，很难维持精神平衡。

- 心情失落的时候，除了自己消解别无他法，没有人帮助自己。

• 认为对方是自己的挚友，总是待在一起，但对方却并不这么想。

【自学小测验】

• 在"自驱型学习"的过程中，有没有伙伴的陪伴？有没有努力结交伙伴？

• 是否有互相激励的伙伴给自己加油打气？

• 是否有几位并非挚友，但可以互相分享价值观的伙伴？

第二部分

"自驱型学习"之收获的6个关键因素

收获的关键因素1　彻底贯彻产出导向法

曾经，在职场中总有一两个工作能力很强的上司或前辈，他们在工作中采取的大多数都是"产出导向法"。

产出导向法指的是，在制作策划书、方案书、分析和调查报告书、Excel表格、流程图等过程中，首先粗略地起草一份产出物的概念图，然后在短时间内迅速完工。比如通过建立假说，可以准确判断当下情况，并适当地借助周围的人力和物力，最后整理出一份优秀的报告书。

在如今的职场中，我们很难得到上司和前辈的指导，也没有能参照的榜样，必须自己想办法完成这些工作。

即使不能像优秀的上司和前辈一样做得那么出色，也必须努力学着去做，争取能做出成果。就算我们在ZOOM上向上司或前辈请教得再详细，也终究缺乏真实感，无法领会到细节之处的做法和巧思，最后只能徒劳地感叹一句"哎，您可真厉害"。但是我们如果有意识地去争取，并通过伙伴之间的互相帮助，还是有可能做出成果的。

▪◖ 用一页纸迅速概括产出物

当需要完成某个任务，或自己有了某个想法的时候，我们可以先用一页纸描述一下整体情况，把能想到的词语和注意事项全都写下来。可以采用手写的方法，也可以制作成幻灯片。手写可以随意地勾画、批注，使用幻灯片可以简单地修改内容，便于之后多次进行调整。另外，如果要和上司说明大概情况，可以直接把做好的幻灯片作为说明资料提交给上司。

如果对自己要负责的领域完全不了解，一点头绪都没有的话，就马上在同事、朋友中找出比自己更了解这个领域的人，发邮件请教他们，争取能以最快的速度与他们谈上话。与从前相比，现在用ZOOM或LINE语音等方法可以更轻松地与他人通话，变得更方便了。

虽然我说要用一页纸迅速概括产出物，但是还是需要对假说本身进行深入分析，尽量提高准确度。举个例子，假设需要使用人工智能（AI）技术制作一款相亲应用程序的话，可以像下面这样连续地进行深入分析，就能写出比较合格的概况了：

第1个假说：如果能用AI实现完美匹配，就能比之前更容易找到对象了。

第2个假说：就算使用了AI技术，但数据量不够的话也不能保证适配度，和问卷调查结合起来应该会比较好。

第3个假说：在调查问卷中列出100个左右的问题，询问用户对自己的看法以及对交友对象的要求，可以更准确地把握用户需求。根据调查结果进行适配，再用AI评价匹配结果，不断提高准确度。

第4个假说：在相亲活动中，外貌等个人条件非常重要，可以把这些针对男性和女性的要求大概分成5种，并邀请用户预先对每个分类进行权重排序（综合评价）。在此基础上用AI实现适配，可以保证最开始的匹配就具有一定的准确度，并且随着数据的增加，可以通过AI进一步得到更加细致的匹配结果和反馈结果。

◖◗ 提前做好准备工作

想要贯彻产出导向法，迅速做出成果，必须提前和各相关部门联系，及时掌握信息。

在前面提到的撰写策划书、开发AI相亲App的例子中，就应该提前和开发部、设计中心、市场部、法务部、质量管理部沟通，商讨相关事宜，比如确定开发人员及设计师，制订招揽顾客的方案，完善消费者权益保护工作，等等。

如果要举办大型会议，也可以提前做好准备工作。例如，事先联系几处备选会场，请对方报价；提前和几位广告代理商负责人做好接洽；提前联系几十位候选演讲人，询问他们的出席意愿；等等。要做好这些工作，必须事先联系总务部、宣传部、采购部的部门负责人，以及负责该项目的科长等相关人员，请他们提供帮助。

虽然具体情况会因工作内容的不同有所变化，但想要工作顺利进行，就一定要和各相关部门打好招呼，提前做好准备工作。

【从前的困境】

- 没有整体把握产出物，工作容易陷入困境。

- 不能用一页纸概括出预想的产出物。

- 没有提前和各相关部门沟通，无法如期开展工作。

【自学小测验】

- 是否能用一页纸迅速概括产出物？

- 是否能俯瞰整体情况和整体流程，尽量做出完善的概括？

- 有没有提前和各相关部门沟通，掌握相关信息？

收获的关键因素2　迅速做出有说服力的资料

要做出具有说服力的资料绝对不是一件容易的事。能做好资料就相当于能做好工作，这是身为社会人士必须掌握的一项技能。

在以前的职场中，我们可以看到上司和前辈们做出的令人叹服的资料和完美的汇报展示，在羡慕他们的同时，我们可以通过模仿学习，逐渐掌握制作资料的方法。

如果是独自工作的情况，就不能当面看到他们完美的展示，只能在ZOOM会议上一知半解地看着别人的资料，经常只能学到一点皮毛，或者什么有用的东西也学不到。因此，在远程工作时代，我们要更有意识地去锻炼制作资料的能力。

如果能迅速做出有说服力的资料，大多数商务人士都能获得别人的称赞，比如称赞他们擅长工作、靠谱、年轻有为等。

如果你从事的是销售行业，手里有一份能打动顾客的资料能更加顺利地开展业务；如果你是设计人员，也不是只画出设计图就可以了，提交一份清晰易懂的资料能使工作更加顺利地进行下去；如果你是程序员，虽然最重要的是编程的速度，但在商讨实现方案等情况下，如果能迅速制作一份有说服力的资料，也对你的工作非常有帮助。

那么，怎样做才能迅速做出具有说服力的资料呢？

◾️ 只花一小时阅读资料、询问信息

要做出具有说服力的资料，必须在一定程度上掌握相关信息和相关背景。但是如果花费好几天或好几周来收集信息的话，就无法顺利地将工作进行下去。一旦开始收集信息，很容易停不下来，所以必须给自己设定一个期限。因为如果只顾着收集信息的话，不管掌握多少信息都是毫无价值的。

我比较喜欢读书，也喜欢读网上的新闻推送，所以经常只顾着收集信息，结果严重耽误了制作资料的进度，这是本末倒置的。我在小松集团工作的时候就这样，后来加入麦肯锡之后的最初两年也是同样。虽然我心里清楚这样是不对的，但是那时还是没能改掉这个习惯。之后虽然努力改善了这个问题，但现在依然担心同样的问题会再次发生，也十分理解不能按时做完资料的人内心多么纠结。

结合自身的经验，我认为做资料之前可以先用一小时来阅读相关文章，向别人打听信息，把握整体概念。一小时就足够了。如果迟迟不开始做资料，花再多时间收集信息也只会徒增

你的焦虑，上司也会很着急，对你来说几乎没有任何好处。

在接到上司的工作指令之后，要花一小时认真地、带有目的性地阅读相关文章。光是这样就能十分有效地把握整体概念。同时，可以通过ZOOM或LINE在公司内外寻找对相关主题比较熟悉的人，全方位地、详细地向他们请教。就好比当发生重大事件的时候，报刊记者总会第一时间给知情人及消息灵通的人打电话，以掌握案件的整体情况。我们也必须像他们一样"求知若渴"，要学习他们的紧迫感和高明的处理方法。这样就能够更全面地把握那些读了文章也不理解的问题，也能够明白其中的含义和背后隐藏的意义了。

虽说这是一个收集信息的过程，但为了能迅速做出有说服力的资料，我们更应该把它看作一种启发灵感的方法。在获得了启发后，可以马上再与其他同类事物进行比较，并展开调查，或通过深入分析问题来培养敏锐的意识。比如：

（1）看到一篇有关"美国推行DX小麦栽培项目"的报道，联想到美国在玉米栽培中是如何运用DX技术的，或在小麦产量较多的中国、印度、俄罗斯是怎样的情况，是否适用于DX栽培，等等。

（2）看到一篇有关"销售人员利用DX技术开发客户"的

报道，联想到自己公司内部的销售团队是否能运用DX技术，或技术是否适用于其他事业部门、集团企业的客户、意向客户、潜在客户，等等。

（3）看到一篇有关"美国推行某法律法规"的报道，联想到欧洲、日本、新加坡、印度尼西亚、中国分别是怎样的情况，或是否可以在法律法规的基础上，从政策缓和、行业惯例、消费者意识等多个方面来进一步分析问题。

这里的重点技巧在于，不管对于什么事物，听说了1就要马上联想到2、3、4，并对2、3、4展开进一步分析，迅速地从A、B、C、D多个方面进行同类比较或深入分析。

■⫸ 花一小时手写出资料整体概况

接下来，要花一小时左右手写出资料整体概况。分别在每页A4纸上写下封面和目录信息、各篇章页信息及之后的详细内容。要直接手写，字迹潦草一些也没关系，自己能看懂就可以了。

最开始可能会因为无法把握整体情况稍微感觉有些压力，但做几次后就会意外地发现自己已经能做好了。通过提前概括整体情况的方式，即使是独自工作，也不会像从前一样在中途感到迷茫。在远程工作中和其他组员一起合作的时候，也可以统一整体的步调。

以制作报告书为例，现在我们要在A4纸上手写出全部概况（见图2-1）。

（1）写出封面信息。

（2）写出目录（各章结构）。

（3）写出各篇章页信息，每页写3~4项内容。

（4）根据篇章页信息，分别写出各章的详细内容，在每页的上方写出本页的主旨内容。

（5）根据相应主旨，在每页的下方添加能支持该内容的图、表格、采访、评论等信息。

（6）全部做完后，将资料铺放在大书桌上，重新检查整体结构是否合理。

（7）如果有不妥当的地方，或有更好的想法，就马上进行修改。

（8）每修改一处，各篇章页的内容都可能会有细微变动，从而影响章节结构，注意进行相应修改。

（9）再次检查整体结构，至少要检查5~6次，一直重复到内容合格为止。

解决人口过疏化项目策划

人口过疏化对策项目组

1

目录

1.农村人口过疏化的实际情况
2.招揽其他国家游客
3.招揽游客的具体措施
4.游客村民交流计划
5.项目日程及推进制度

2

1. 农村人口过疏化的实际情况

• 人口过疏化趋势
• 村落特点及旅游资源
• 住宿设施
• 往返东京的交通情况

3

人口过疏化趋势

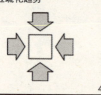

4

村落特点及旅游资源

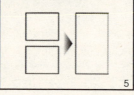

5

……

2. 招揽其他国家游客

• 加大力度吸引其他国家游客
• 宣传日本的自然与人文
• 以互动交流为重点

8

加大力度吸引其他国家游客.

9

强调日本的自然与人文

• 最能吸引其他国家游客的就是日本的自然和人文，思考应该进行什么样的宣传活动
• 站在外国人的角度上思考对策
• 以外国人喜欢的形式进行宣传

10

……

3. 招揽游客的具体措施

• 游客来日前在各国网站上宣传
• 强调来日游客和村落的交集
• 在其他国家的受众媒体上发布信息
• 寻求与各国领事馆合作
• 请各国的驻日外国人协会帮忙

12

在游客来日前在各国网站上宣传

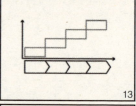

13

强调来日游客和村落的交集

• 来日游客和村落之间有什么交集
• 对此进行多方面、多层次的宣传
• 和旅游公司、旅馆、餐厅合作

14

……

4. 游客村民交流计划

• 村内迎客点
• 村内住宿
• 村落传统活动
• 村内特产展示

17

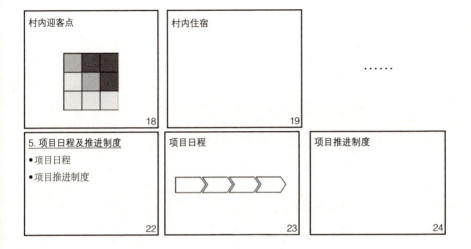

图2-1 编写资料整体概况的例子

熟悉了这个过程之后，就能在一小时之内完成以上工作，最后整理出来的就是资料的整体概况。

几乎很少有人能够这样迅速地开展工作，因此只要花些心思掌握这种方法，就能成为我们有力的武器。工作效率将能得到大幅提高，最重要的是心态也将变得十分积极。

我们偶尔能看到有些人会在资料中添加分条阐述的观点或解说图，但与其相比，更好的方法是在最开始就做出一份俯瞰全局的资料整体概况。如果可以做到，上司将对我们刮目相看。

例如，要制作一份以"如何提高团队的远程工作效率"为题的策划书，首先要列出章节结构：

（1）团队工作效率方面存在的问题。

（2）远程工作的弊病及本质问题。

（3）大幅提高团队工作效率的基本方针。

（4）具体措施。

（5）推进制度。

（6）整体日程。

然后就可以根据以上结构写出资料的整体概况。

◼⟶ 将内容制作成幻灯片，多次检查整体结构

在手写完成资料的整体概况后，接下来要把写好的内容制作成幻灯片。

将每页上方内容的字体大小设为24～28号，正文字体大小设为16～18号，内容分条罗列。使用这种大小的字体可以很快填满页面，会让你很有成就感。成就感是一针强心剂，可以有效地振奋你的精神。如果使用小号字体，内容只能占据页面最上方的部分，会让你有一种毫无进展的感觉。大家可以抱着试试看的心态，用大号字体制作幻灯片吧。

接下来，要在每页中添加可以支持上面主旨的图表、表格等内容。如果内容是采访或评论则没什么难度，可以立刻添加进去。图表等内容可以增加资料整体的说服力，在熟悉操作之后做起来也不会很费力，而且只有文字会容易显得比较单调，大家可以有效地利用图表。

另外，我还有一个常用的方法，可以截取日本和其他国家的新闻报道中能用得上的图片粘贴在资料里，这样可以使资料更加清晰易懂，也能增加说服力，不容易让人产生阅读疲劳。当然，引用的时候要在页面左下角标明网址或出处作为依据，注明图片来源。

把手写的资料整体概况全部做成幻灯片后，从封面开始再次重复检查，修改不足之处。在感觉差不多做好了的时候，就把资料打印出来进一步斟酌内容。在电脑屏幕上有时不容易注意到错别字，但打印出来就一定能发现，这非常令人不可思议。

【从前的困境】

• 花费过多时间收集相关资料，却迟迟无法着手制作正式的资料。

• 资料内容涉及太多方面，内容不够精练，没有清晰地总结出核心观点。

- 资料内容全部来源于网络信息，没有掌握并反映出专家和业界人士的真实观点。

- 最开始就尝试用幻灯片做资料，没有进展。

- 就算努力用幻灯片做好了资料，也没有好好检查修改。

【 自学小测验 】

- 有没有把准备工作（阅读文章、打听消息、把握整体情况）的时间控制在一小时之内？

- 有没有花一小时手写出资料的整体概况？

- 有没有把手写好的概况做成幻灯片，并多次重新检查整体结构？

收获的关键因素3　不害怕改变

如果独自工作的时间长了，你就会在不知不觉中形成一套独特的做事方法或工作模式。有时这样是好的，但如果一味地拘泥于固定的模式，也会产生对你不利的情况。因为具体情况一直都在变化，而过于墨守成规，就会产生问题。我们的身体和精神会在不知不觉中逐渐僵化。一旦变成了这样的情况，我们就会把墨守成规当作一种目的，会在有意无意间避免发生变化。

在如今的远程工作时代，我们已经不能像从前那样直接地学习上司和前辈们灵活的思考方式和随机应变的能力，因此必须时刻注意自己的思考方式是否灵活，有没有在不知不觉中成为墨守成规的"老顽固"。

◗ 过于坚持自我容易错失机会

我们如果过于坚持自己的做事方法，就容易错失机会，因此，既要重视自己的做事原则和自我价值观，也要根据环境变化不断灵活应对，做出改变，在两者之间保持平衡是至关重要的。

我们需要好好思考我们的价值观是以什么为基础，又是怎样形成的。在此基础上，还要进一步验证自己价值观中认为是正确的事物它们是否真的妥当，以及在自己价值观形成时期认为是正确的事物它们现在是否依然正确。

举个例子，某个上司认为"上司就应该严厉地对待下属"，并准备以严厉的态度来培养下属。这位上司相信自己的做法是正确的，但也知道自己可能的确有些吹毛求疵了。但他转念一想，自己完全没有恶意，而且正因为下属非常优秀，所以为了下属着想，必须用严厉的态度来鞭策他们，这是自己应该做的。

然而，因为上司严厉的态度造成了两位下属的离职，甚至其中一人有抑郁倾向，这时又该如何应对呢？我们可以参考以下观点来思考：

- 培养下属肯定是一件好事。

- 但如果因为太严厉导致下属离职的话，就得不偿失了。

- 更别提把下属逼得患抑郁症了，绝对要避免这样的事情发生。

- 认真是对的，但绝不能吹毛求疵。

- 要明白严厉地对待下属不是目的，培养下属才是目的。

- 要培养下属，必须尊重下属。

- 如果上司用以上对下的态度给下属施压，下属就无法成长。

- 上司想要严厉地对待下属，是不是为了自我满足？

这样思考过后，是不是开始怀疑自己的价值观已经不符合如今的时代了呢？其实这样的价值观不仅不符合如今的时代，也不一定适用于经济高速成长期，只是由于时代背景原因，这种做法在经济高速成长期比在如今更容易被人们接受而已。

一般情况下，即使有了这种错误认知，也没有人会帮我们指出来——因为事态严重，谁都不想质疑他人的价值观。其结果导致，就算我们错得再离谱，很可能也只有我们自己没有察觉到。

如果有人用很难听的话指责了我们的信念或价值观，在对此感到愤怒之前，请试着从以下的观点来思考：如果虽然对方说的话有些难听，但内容都是有价值的，那就值得我们做出让步，试着去接受这些建议。说出这些话并不容易，对方也是做好了心理准备才能说出这样一番话的，因为这并不会给对方带来任何利益，还伴随被误解，反遭怨恨的风险。由此可见，对方的态度也是很严肃的，如果我们只是单纯地出言反击他，未免有些浪费别人的一番心意，还是先仔细倾听对方说的话比较好。

但是如果这些难听的话的内容不管怎么想都是对方在故意找碴，我们能感觉到对方是因为嫉妒我们才说这样的话，那就没必要听取对方的意见了。

不过，前提是我们应该先听完对方的话，让对方觉得我们明辨事理。我们可以通过这样的方法建立与对方的信赖关系，迈出改善关系的第一步。

总之，不管是哪种情况，我们如果只一味地坚持自己的做法，就会错失很多工作机会和成长的良机，要切记这一点。

■⊂ 不断更新自己的做事方法

相信大家肯定都因为某些背景和原因形成了自己的一套做事方法。不过，在刚形成固定模式的时期，不一定就是最好的结果，而且随着时间的推移，情况也在不断变化。

我们所掌握的技能、工作内容、工作环境等因素都在发生变化，因此必须时刻更新自己的做事方法。以回复邮件为例：

一开始的做法

如果一封一封地回信就无法集中精力工作，因此安排上午回复一次，下午回复一次，在固定时间批量回复邮件。

改善后的做法

但这样做没法迅速调整工作内容和节奏，也总是不能第一时间处理上司和客户发来的紧急邮件，因此改为上午看3次电子邮箱，下午看4次电子邮箱。现在回复邮件的速度变快了，但却很难集中精力工作了。

进一步改善后的做法

因为负责的项目数量增加了，所以必须更加快速地回复邮件，同时还想保持注意力，于是就先用30～60分钟集中精力制作文件，完成其他工作，然后再花5分钟回复邮件，之后再次集中精力工作30～60分钟。这样做就不会耽误回复邮件，也不会打断自己的注意力，能够完美处理好所有项目了。

再举个例子，如果要制作企划书，可以参考下面的方法：

一开始的做法

向前辈要一份他做好的资料，把资料里的公司名改成这次要做的企划书的公司名，再改1~2页内容就交差。

改善后的做法

在网上搜索所有关于客户企业的信息，用占企划书三分之一的篇幅整理出该公司特有的问题，并提出解决方案。

进一步改善后的做法

请两名同事帮忙，使用按照改善后的方法做好的资料，在ZOOM上进行汇报展示预演。首先请同事帮忙汇报，自己站在听汇报的人的立场上思考资料存在的不足并进行修改，然后再次听取同事汇报或自己发表汇报，做好最终确认。

如上所述，可以像这样不断更新并改进自己的做事方法。在养成习惯之后，我们会发现，不断地坚持改善其实是一件非常令人愉快的事。

▪️ 放下顾虑，暂且一试

"这样做才比较好。"当朋友向我们提建议的时候，我们可能会在心里琢磨朋友为什么会这么说，可能还会有人怀疑朋友是不是看不起自己。

然而，在这种时候，我们先不要急着反驳朋友，不妨试着换一种思维方式来看待。即站在朋友的立场上想想看，他们很可能一开始也在犹豫要不要说，但最后还是为了我们着想才说了出来。

如果是这样的话，比起单纯地反驳对方，不如给自己找些理由，暂且试一下对方提出的做法。理由可以是"我就姑且让步一次""试试看又不少块肉""都说到这个份上了""只有今天例外"等，什么都可以，放下顾虑去试一试吧，相信你一定会有些新的发现。

自己的做事方法固然重要，但如果有某位可靠的朋友能特意来向我们提出意见，那么我们最好思考一下是不是真的是这么一回事，并采取比之前稍微灵活一些的做法，不要固执己见。

当然，要注意提出意见的必须是"可靠的朋友"，如果是某些居心不良、抱有恶意的人故意指责或中伤我们，那就根本没必要听他们的话。有很多人俨然一副把自己当成我们朋友的姿态，却喜欢抬高自己，贬低他人，这种情况需要我们仔细辨别。他们总是摆出知心朋友的样子，在我们没有什么大问题的时候，故意说一些动摇我们信心的话。

从这一点来看，我们最好从平时就开始培养辨识人的能力，同时要时刻注意保持平衡的心态和看法。开始远程工作之后，我们和其他人的接触变少了，为了保持辨识人的敏感度，我们要有意识地锻炼这种能力。

【从前的困境】

- 过于坚持自己的做法，因而错失了难得的机会。

- 过于坚持自己的做法，明明有机会取得巨大的进步，却畏缩不前。

- 过于坚持自己的做法，无法改掉已经过时的做事方法。

- 听取了别人的意见想要尝试一下，但总是无法完全相信别人。

- 想听取别人的意见，但是怀疑对方是不是真的为自己着想。

- 听取了别人的意见并进行了尝试，但却被人牵着鼻子走，陷入了困境。

【自学小测验】

- 是否能不执拗于自己的做法，抓住每一次机会？

- 有没有坚持时刻更新自己的做事方法？

- 面对别人真诚的建议，是否能做到虽然难以赞成，但也愿意放下顾虑去试一试？

收获的关键因素4　发挥领导力

想要做出成果，领导力是至关重要的。领导力指的是以下这些能力：

- 树立方向明确的理想和远大的目标。

- 制定实现目标的措施。

- 在一片反对的声音中做出成果。

- 调动组员的积极性。

- 聚集所有人的力量，做出让大家意想不到的成果。

- 帮助所有组员获得成功，培养他们的自信，以取得巨大进步。

如果我们拥有领导力，就能推动工作顺利进行；如果拥有的领导力不足，就不能顺利地完成工作。不管我们是独自工作，还是在远程工作的情况下，领导力都十分重要。正因为我们在面对面工作的时候碍于情面无法很好地发挥领导力，在远程工作的时候才要更好地运用起来。

那么，我们应该以谁为参考，又应该怎样通过改变行动来提高领导力呢？我们可能从来没有见识过其他人优秀的领导力，也很难从书本上获取相关知识，因为书中内容繁杂、众说纷纭，因此很难判断这些内容是否对自己有积极意义，无法用来指导自己的行动。

其实，早在之前就有许多人提出了关于如何提高领导力的问题。在日本职场上，上司的职权骚扰已是家常便饭，还有许多诸如工作指令不够明确、缺少反馈等问题存在。总之，想找到一位好的上司作为榜样很难。如今，我们以远程工作为主，和上司、前辈接触的机会变少了，但正因如此，我们才更加要摸索并建立自己的一套关于领导力的风格。

◼▷ 明确目的，总结目标

我们需要明确自己希望达成什么目标，并将内容整理成一页幻灯片。这是一个关于追求与实现目标的梦想。

幻灯片里内容的格式不重要，但一定要坚定地提出自己身为一名管理者的想法。比如，假设某个企业提出目标，希望成为推广DX技术的领军企业，并希望在日本企业中以飞跃般的速度推广DX技术。

我在第一部分中也稍微提到过，所谓DX，是指由管理者主导的企业结构改革。在上文的例子中，该企业的出发点是希望振兴日本企业，并为之做出贡献。其不同于信息技术服务供应商、信息技术咨询公司、系统集成商等企业，该企业不仅拥有属于自己的管理改革支援方案，同时集信息技术咨询技术、数据管理技术、AI技术于一体，可针对以上领域提供一站式服务，有能力从本质上推进企业管理改革。

为了实现这个目标，需要采取以下行动：

• 建立DX推广团队，由一名有经验的管理者和5名组员组成。由社长直接管理，为达成目标而努力。

• 为提高企业知名度、强化企业网络，在推广开始9个月后举办以DX为主题的大型会议，召集2000名以上各企业的管理层参加。

• 每隔一周举办一次研讨会，邀请10名左右具有明显意向的管理者参加，提高他们的改革意向，开展若干个试点项目。

• 以DX推广案例为主题，每周写1~2篇博客，并大规模在网络上发布。

将以上内容写在幻灯片中，就有了对于目标的具体印象了。

▪◖ 明确前进方向，带动组员行动

接下来，我们要思考怎样做才能成功举办以DX为主题的大型会议。要从哪里着手？具体要做什么？当有了计划之后，我们要充分相信自己，并带动组员一起开展行动。

就上文的例子而言，我们可以先预设为期3天的临时日程，并咨询5～6处举办会场，请他们报价。之后，列出50名日本国内外有名气的相关人士，着手与他们进行联络，根据每人的情况，暂定临时日程。当会议日程和举办场所大致确定，并有半数左右的相关人士同意参会，会议就基本能够顺利举办了。

最开始可能会有组员认为这项工作对于他们来说太困难了，应该工作两三年再进行。但当他们发现实际上真的可以成功举办会议时，就会迅速地展现出对项目的强烈兴趣。这时，所有组员都会被我们表现出来的领导力打动，从而产生一种"跟着领导好好干"的心情。

▪️ 倾听组员意见，灵活调整方向

满怀信心、有能力的管理者往往善于倾听组员的意见，并灵活调整工作方向。这样做可以大大提高成功概率。对于管理者来说，组员相当于自己的眼睛和耳朵，在很多情况下，组员的手中都掌握着许多有用的信息。有时组员的判断可能不够成熟，但是只要掌握了相关信息，就有了工作中的某种信息来源，我们可以灵活地运用这些信息。当然，在实际的工作中，组员是管理者的左膀右臂，是不可或缺的存在。

以上文的例子来说，可能还会遇到这样一种情况：我们从组员那里得知，有一家更有竞争力的企业也即将举办一场主题相近的大型会议，且日期正好与我们重合。

在这种情况下，我们可以找来一份竞争企业的会议流程，同时进行组内商讨，研究是否可以提前一周举办会议。这种方法能够减少这件事对招揽顾客产生的影响。

要处理好这件事，我们必须给已经同意登台发言的相关人士发送通知邮件，告诉他们会议日程有修改。由于我们已经提前沟通好了，在一定程度上也掌握了会议举办日程前后的情况，所以这并不是一项非常困难的工作。

此外，我们需要明确指出我们在演讲题目等方面和竞争企业的会议有哪些不同点，并重新修改宣传网页的画面。

我们如果具有这种变通的能力，就能进一步获得组员的信任。如果有一位能够倾听下属意见，通过自己的判断做出适当的决策，制定必要措施并迅速下达指令的管理者，下属有什么理由不跟随他好好工作呢？

【 从前的困境 】

● 无法明确地传达自己想做什么，因为自己也不知道自己想做什么。

● 对组员说了自己的想法，但是无法获得赞同。

● 最开始工作热情十分高涨，但在中途却松懈了下来，自己也失去了热情。

● 不知道怎样在中途带领组员顺利开展工作。

● 总是有某个组员不听话，出现不利于工作开展的状况。

● 中途情况有变，但不能很好地调整方向。

● 感觉组员的观念稍微有些问题，但又问不出个所以然。

【 自学小测验 】

● 是否将要完成的目标总结到了一页幻灯片上？有没有多次尝试去做？

● 是否能明确前进方向，带动组员行动？

● 是否能倾听组员意见，灵活调整方向？

收获的关键因素5　调动下属及组员的工作积极性

现在，我们和上司、前辈的接触变少了，独自在家进行远程工作。在这种沟通不便的条件下，我们还经常会遇到需要管理下属，或被增派了新的组员等情况。如果我们的工作表现比较优秀，公司就会对我们抱有期待，认为我们具有较高的领导力，并开始让我们管理下属。

如果本来就有管理经验的话还好说，如果没有什么经验，又突然开始了远程工作，这种情况下很难把握应该如何管理下属和组员，因为这具有相当大的风险。我们独自工作和与下属及组员一同工作并激发他们的工作能动性是不一样的，这两种情况下工作时的思考方式、言行举止、行为模式等方面截然不同。

我们独自工作时可以通过自己的拼命努力完成任务，虽然不推荐这种做法，但只要我们硬着头皮、熬夜通宵努力把工作做完，谁都不会对我们有意见，而且也不需要将具体的工作方法解释给其他人听。

但如果需要管理下属及组员，就必须切实地做好以下所有步骤：

- 明确地向下属及组员传达工作目的和工作目标。

- 向下属及组员说明工作的整体情况和具体工作方法。

- 将工作分成几个方面，向下属及组员解释具体应该怎样应对和解决问题。

- 准确把握工作的进度情况，对进展不顺利的部分向下属及组员提出具体的建议。

- 如果下属及组员的技能和认知有所不足，要细致地帮助他们进行强化。

- 当有两人以上的下属及组员同时工作时，要注意帮助他们沟通协调，避免他们之间发生摩擦。

- 通过以上方法，在工作时最大限度地调动下属及组员的工作积极性。

- 认真做好最后的收尾工作，必须达成完美的结果。

总之，我们要准确地向下属及组员传达工作内容，在下属及组员有困难的时候适当地进行指导，并在工作中调动下属及组员的积极性。如果做不到以上几点，我们就不能顺利地完成工作。

不管我们是不是在远程工作，这几点都很重要，但因为我们大多数人之前都很少接触优秀的榜样，所以在今后的工作中，必须通过我们自己不断实践、不断试错，逐渐形成自己的领导力风格。

◖◗ 使用任务工作表传达指令

在远程工作的情况下，我们无法和下属及组员面对面地一起工作，所以要使用书面形式更加明确地向他们传达工作指令。当然，在面对面工作的时候最好也这样做。

如图 2－2 所示，可以将每名下属及组员的工作拆分成2~4

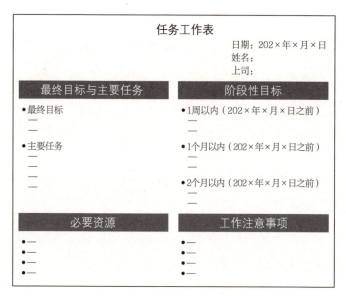

图2-2 任务工作表的示意图

个任务。其中，所需工作时间可以是一周至数周。做好任务工作表之后，要对下属及组员进行解释说明，在下属及组员理解之后，再根据他们的建议进行修改，进而达成共识。如果是制作资料这类工作，还要根据需要做出目标资料的大致效果图，在更加细节的方面达成一致。

我们为什么不能口头向下属及组员传达指令，而必须以书面的形式传达呢？理由有以下三点：

（1）如果不是以书面的形式，仅靠口头传达，上司、下属、组员记住的内容可能并不准确，大家都会从对自己有利的角度去理解，容易产生矛盾。

（2）如果一名上司要同时管理几名下属及组员，那么要分配的任务共有15~20个，上司无法将这些任务的内容、关键业绩考核指标（KPI）、日程等全都一一记下来。记这些东西会给上司带来压力，也将花费上司额外的精力。

（3）使用任务工作表，可以帮助上司轻松地完成月度、季度绩效考核。

如上所述，灵活运用任务工作表可以给我们带来许多好处。否则可能会出现以下这种对话：

上司："我没说过要这样做吧，为什么你做的和我说的不一样?"

下属:"是吗?应该就是这样的吧?我听到的确实是这样。"

上司:"不可能,而且就算按你的做法,这个工作也花不了那么长时间。"

这样不仅会让上司和下属及组员之间产生矛盾,甚至会出现上司被下属及组员质疑人品等严重的问题,造成非常棘手的局面。

如果下属及组员不是日本人,就必须用任务工作表传达指令;即使下属及组员是日本人,虽然你们平时的交流十分顺畅,但为了避免产生不必要的摩擦,也为了保证工作能顺利地进行,也有必要使用任务工作表。因为即使同为日本人,上司和下属及组员在工作的时候也很难达到默契无间的程度,而且在如今远程工作的时代,我们更应该以书面形式展开合作,而不是一味地追求默契。

◼◖ 倾听下属汇报,准确给出建议

在我们和下属及组员就任务工作表的内容达成一致之后,在下属及组员执行任务期间,要确认5~10次的进度。如果是为期两周的任务,可以在最开始的前三天每天确认一次,中途隔

一天确认一次，最后两天每天确认一次，像这样根据具体情况灵活地调整确认进度的频率。

关于确认进度的会议的时长，可能会根据主题的不同而有所变化，但一般控制在每次15~20分钟就足够了，最好只在需要头脑风暴的时候再延长到30分钟以上，尽量追求高效沟通。会议的时间越长，上司和下属及组员的个人工作时间就越短，就没有时间进行独立思考、收集信息、请教他人或整理资料等活动了。

关于具体如何实施确认进度的会议，可以参考以下做法：首先要询问下属及组员进度情况。此时，就算下属及组员的汇报内容和自己的预想有些出入，也不要打断对方的话，先听到最后，这一点很关键。这么做可以不让下属及组员产生挫败感，顺利地进行汇报。这绝不是一件容易的事，我就总是忍不住偶尔打断下属及组员的汇报。

偶尔我们也会遇到一些一直讲个不停的下属及组员，可以在最开始的时候告诉他们"用5分钟左右的时间说明一下进度情况"。在下属及组员汇报完毕后，我们需要对他们提出问题。要问好问题非常难，如果追根究底地询问，会让下属及组员产生挫败感以及被束缚的感觉，也会耽误大家的时间，因此破坏他们的自主性。比较理想的情况是，我们要尽量少地提问，让下属及组员掌握话语权，让他们在对任务进度进行解释说明的同时又能自己发现新的问题。

我们要做的就是倾听下属及组员的汇报，只在他们遇到问题的时候采取行动，减轻他们的负担，比如：

"这个角度怎么样？"——抛出问题，引发下属及组员思考；

"遇到这种情况，这样做行不行？"——提示下属及组员方针对策；

"其他部门也对这个问题进行过一些讨论，我去问问情况。"——在需要其他部门协调，但下属及组员又不好出面协调的时候提供帮助。

■❂ 坚持表达感谢

我们要调动下属和组员的积极性，需要以下三个因素：

（1）令人期待的，有成就感的工作。

（2）上司共同参与工作，认真听取下属及组员的意见（积极倾听）。

（3）坚持向下属及组员表达感谢（正向反馈）。

可能有很多人认为，自己都没有被自己的上司感谢过，为什么要现在感谢下属及组员？这其实是两码事。从今以后，我们要摒弃那些老派的做法。我们没必要因为自己没有被感谢过，就用相同的做法对待下属及组员，表达感谢又花不了我们多少时间。

要坚持表达感谢，最重要的是要进行正向反馈。所谓正向反馈是指：

（1）首先，对于好的结果，要大加赞扬。关键在于要毫不犹豫、毫无顾虑地表扬下属及组员。没有必要担心表扬得太过会让对方得意忘形，或担心因为表扬他们下次就不认真工作了等情况。我们只需要尽情地表扬他们，不是用以上对下的态度，而是发自内心地表达感谢之情。

（2）接下来，对于一些微小的成果，不要认为这没什么大不了的，也要毫不犹豫地对下属及组员加以表扬。关键在于要当场表扬他们，不要觉得不好意思。许多日本男性对此都十分不擅长，很容易错失一些难得的表扬机会，实在令人可惜。另外，许多日本男性就算表扬了别人，也还会同时指出一些问题，再提出一些可以改进的地方，这样做不可取。要注意我们当场只能表扬，不能提意见，否则可能会让下属及组员失望，认为"唉，还以为好不容易表扬我一次，结果只是为了提意见客套一下而已"，从而失去了表扬的效果。甚至有时下属及组员会感觉受到了欺骗，结果适得其反。如果要给下属及组员提反馈意见，一定要避免当场提出，最好隔一段时间再提，比如上午开会，下午再提，或第二天再提比较好。

（3）对于虽然结果有些不尽人意，但下属及组员却非常努力，而且整个工作过程的质量也比较好的情况，要先对他们说一句"我看到了你的努力，很棒！"来慰劳下属，对他们付出的努力表达真诚的感谢。

就算下属及组员这次遗憾地没有做出成果，在不久的将来也总会成功。考虑到这一点，我们就需要表达慰劳之意，引导下属及组员继续努力、保证工作质量。如果我们因为这次没有达到预期的结果就发脾气，挖苦人，那么下属及组员就不会继续努力，也不会保持之前的工作质量了。

（4）对于结果十分不理想的情况，我们要说一句"虽然这次没做好，下次这样做肯定就能好，没关系的"来表示鼓励。要做到这一点，需要具有相当宽广的胸怀和度量。有很多管理者和上司在结果不理想的时候总会马上大发雷霆。很多情况下，就算是由于自己对下属及组员指导不足才没有做出成绩，他们也会狠狠地训斥下属及组员。要谨记，绝对不能说一些类似于"这个蠢货"这样的话，就算只在心里想想也不行。我们的心情会完全地传达给对方。可能有人会觉得就算心里很生气也没关系，只要好好控制，能完美地隐藏自己的情绪就行了。但其实我们是不可能完全隐藏情绪的，只要心里有怒火，就一定会说出一些伤人的话，或通过肢体语言表达出来。大家一定也有搞砸事情的时候吧，当时是不是感觉到了上司的熊熊怒火？我们也是同样，一个人是无法隐藏自己的怒火的。

要按照这种方法，对每名下属每天进行多次正向反馈。

另外，对自己的家人、朋友我们也要坚持每天多次表达感谢，这样会大幅减少家庭内部矛盾以及人际关系矛盾，从而更容易集中精力工作。

关于正向反馈的具体次数，可能会根据下属及组员人数的不同有所变化，推荐大家每天进行20次正向反馈。工作日感谢下属及组员15次，感谢家人、朋友5次，周末时就对服务人员、车站工作人员表示感谢。我们不要轻易改变这个数字，一定要每天坚持感谢，这非常关键。如果减少了感谢的次数，就会让对方感觉奇怪，以为自己做错了什么事情，从而产生挫败感。

【 从前的困境 】

- 给下属及组员传达指令的时候都是口头进行的。

- 经常因为安排好的工作内容和下属及组员产生分歧。

- 以为自己已经把任务交代得很清楚了，但是下属及组员却误解了，不听指挥。

- 想好好听一听下属及组员的汇报，但听了之后发现事情基本都没做好，而且他们总有很多借口，听不下去。

- 结果总忍不住一直训斥下属及组员。

- 下属及组员总是一副没有干劲的样子，工作难以进行下去。

【 自学小测验 】

- 有没有将指令写在任务工作表上来安排工作？有没有疏漏的地方？

- 有没有认真倾听下属及组员的汇报，只在对方遇到困难的时候才提出建议？有没有夸夸其谈，或进行多余的说教？

- 有没有每天对下属及组员进行多次正向反馈？

收获的关键因素6　帮助下属及组员将工作效率提高三倍

在以前的职场中，看到周围工作效率很高的上司和前辈，我们不禁感到震撼，同时也会暗下决心自己要像他们一样高效工作。

在如今的远程工作中，无法与上司和前辈天天面对面地工作，就算他们的工作效率再高，我们也只能通过ZOOM会议一窥风采，无法感受到他们之前那种强大的魄力了。

在这种情况下，那些真正擅长工作，能够全面灵活运用信息技术的人们的工作效率反而能达到比之前更高。令人不可思议的是，他们不仅能做好自己的工作，还能带领国际团队做出成果。他们非常优秀，但我们也不能就此认输。我们要给自己设定一个高标准，勇敢地挑战自我。

▪◖ 以三倍速搞定所有工作

想要做出成果，只提高自己的工作效率是行不通的。我们必须想办法让下属及组员也能加快速度，提高团队整体的工作效率。

　　要做到这一点，首先必须全力提高自己的工作效率。我们要使出浑身解数，努力让工作达到绝对的高效。这不是嘴上说说，而是要做出实际行动，才能够带动下属及组员一起努力。

　　我们要展现出让下属为之惊叹的工作效率，这不只体现在一些零碎的工作上，还要拥有令下属及组员叹服的全局观、知识储备、洞察力和严谨度。这不仅是为了下属及组员，对身为上司的自己也有好处。如果上司自己的工作效率很低，只要求下属及组员加快效率，是非常没有说服力的。

　　我们要在亲身示范的基础上，不断地向下属及组员强调所有工作的效率都可以提高三倍，并对每名下属及组员都提出具体的建议，帮助他们提高工作效率，最终达到提高三倍的效果。不要总想着自己没有这样被自己的上司指导过，所以也不想指导自己的下属及组员，这种想法是不对的，因为这两者毫不相关。

　　到目前为止，我向日本及其他国家的诸多企业提供过管理改革咨询服务。在和超过10000名的各界人士沟通、提供咨询的过程中，我看到了各种人们拖延工作的原因，比如：缺乏速度感、过度追求高质量、决策效率低、制作大量的资料文档、上司重复要求返工、没完没了的超长时间会议等，这些因素导致了人们的工作效率变得非常低，浪费了过多时间。在这些例子中，不管是员工本人的态度还是公司相关制度，都没有把提高工作效率当作一个问题来严肃对待。整个工作项目的各方面由始至终都有很大的改进空间。

我在麦肯锡工作的14年以及离职之后的20年中，多次经历过非常紧急的情况，不得不加速提高工作效率，最终都通过自己的努力完成了工作。有了这些经历，我的工作效率比之前高出了好几倍。在为客户提供咨询的时候，也能以高效率领导团队完成管理改革项目。

我们必须找到一种能带动所有下属及组员共同努力的方法。即我们要以"三倍速搞定所有工作"为目标，带领所有人努力前进。我们要不断强调这一点，同时坚持创新，寻找新的工作方法，让下属及组员能够切实地体会到提高工作效率的重要性，并因此感到快乐。另外，对下属提出要求，也会给自己带来紧迫感，自己也能进一步提高工作效率。

▪☞ 三个技巧，加速飞跃

一般来说，下属及组员会比上司更加在意工作效率，并因此感到焦虑。但是由于他们在把握问题、解决问题的能力上往往有所欠缺，因此就算想要提高工作效率也总是事与愿违。

要想解决这个问题，我们可以利用"A4笔记""设置词语快捷键""常用资料"这三个技巧来应对。在最开始接管团队的时候就对所有下属及组员进行培训，学习这三个技巧，这样既能夯实基础，也能帮下属及组员养成提高效率的习惯。

首先，我们可以在组内每天开早会时抽出10分钟，用10页纸和下属及组员一起来制作"A4笔记"，这样可以保证效率，这在ZOOM会议上也可以轻松地进行。前5页要以组内人员面对的共同问题为主题，比如如何招揽顾客、削减成本、改进质量缺陷等，设定其中的一个问题为主题，所有人一起来制作笔记。后5页可以让下属及组员自由地写出各自的烦恼，或其他方面的问题。在完成笔记之后，要以前5页A4笔记为参考，针对组内问题的解决方法展开讨论。后5页让大家各自填写的内容，目的是让大家随意分享一下自己的新发现和感想，不用另作讨论。A4笔记本来就是写给自己看的内容，就算有错误，上司也没有立场对下属及组员指手画脚。关于A4笔记，之后我还将在第3部分"解压的关键因素3 借助A4笔记缓解焦虑"中进行详细的讲解。

我在本书的第1部分中也曾提到过，"设置词语快捷键"是提高工作效率不可或缺的因素。但很多情况下只是上司单方面的提议，下属及组员很少会真的去设置。为了解决这个问题，可以在组内会议上带领下属及组员一起设置200个以上的词语。我们可以先将公司名、部门名称、公司地址、主要客户、相关技术、主要商品、销售店铺等所有下属及组员都应该设置的词语做成表，在下属及组员刚加入团队的时候就进行设置。除此之外还可以根据需要进行个别设置，在组内会议上请大家分享一下设置哪些词语能有效提高工作效率，以此进一步积累有用的经验。

下属及组员一开始可能会觉得很麻烦，不想设置词语快捷键，但坚持设置了几十个词语之后就会发现，其实非常方便和顺手，而且可以提高整个团队的工作水平。

接下来是"常用资料"。可以让所有下属及组员在电脑桌面建一个"常用文件夹"，用来放一些自己会多次使用的资料。上司应该向下属及组员展示自己的常用文件夹，并说明这样做的便利之处。大部分下属及组员都比较缺乏自主性，就算是像这样非常简单又能提高工作效率的事情，也不会主动去做，大家总会找各种各样的借口来拖着不做，所以上司的引导非常重要。

另外，还可以设置共享文件夹，在文件夹中放入共享文件，但我还是推荐把其中使用频率较高的文件放在自己的电脑桌面上，这样就能立刻使用了，而且也省去了找文件的时间，非常方便。

共享文件在所有人需要共同编辑同一个文件的时候非常方便，但除了像这样的一部分工作之外，并不能真正提高工作效率，反而更加不便于管理。这一点希望大家考虑清楚。

■C 最佳实践分享会

除了以上的几个技巧，还有一种方法能帮助下属及组员将工作效率提高三倍。即每个月举办一次"最佳实践分享会"，主题是关于具体的工作方法和怎样做能顺利地开展工作。在最佳实践分享会上，请那些优秀的下属及组员分享自己的做法和感受。通过这种方法，发言者会表现出很高的积极性，也会主动向其他组员提出建议和指导意见。上司不必亲自上阵就能达到良性循环的效果，非常值得一试。

其中有几个需要注意的地方：

（1）让下属及组员把要介绍的内容总结成两三页幻灯

片，上司要对其中有关具体工作方法和经验的表述给出评价和反馈，使资料清晰易懂。

（2）每月举办一次最佳实践分享会，每次时长1小时以内，请2~3人发言。每个人的发言时长为5~7分钟，之后用5~10分钟来答疑，最后请所有人进行自由讨论来作为总结。

（3）坚持举办了几次分享会之后，能介绍的内容可能会越来越少，但也要尽量保证每次至少有2人发言，尽可能地将分享会坚持举办下去（培养习惯）。

（4）上司应该在平时就多鼓励下属及组员，对于在提高工作效率方面表现得非常努力和有创新想法的下属及组员要给予奖励。

【从前的困境】

• 上司自己的工作效率很低，无法赢得下属及组员的尊重。

• 无法对下属及组员提出具体的建议来帮他们提高效率，情况得不到改善。

• 下属及组员没有改善的意愿，无法对上司的目标产生共鸣。

• 开始组织团队一起制作A4笔记，但是由于工作太忙不知不觉就中断了。

• 尝试设置了词语快捷键，但却没有时间继续增加设置新的词语。

• 总是强调要做好常用资料，但最后又总是从零做起。

• 举办了最佳实践分享会，一开始很顺利，但渐渐没有话题了。

【 自学小测验 】

• 有没有坚持强调"所有工作的效率都可以提高3倍"？

• 有没有在组内详细地介绍"A4笔记""设置词语快捷键""常用资料"三个技巧，并让下属及组员进行实践？

• 有没有努力提高整个团队的工作水平，定期举办"最佳实践分享会"？

第三部分

"自驱型学习"之解压的4个关键因素

解压的关键因素1　保证睡眠时间

独自工作的时间长了，或在家远程工作的时候，我们总是会忍不住在状态好的时候熬夜工作，或某天感到疲倦就睡个懒觉。一旦睡了懒觉，晚上就睡不着了，第二天早上9点还要参加公司会议。就这样打乱了自己的生活节奏，还陷入了睡眠不足的状态。

在远程工作的时候，因为上司和前辈无法像以前那样监督我们工作，所以需要我们格外努力，保持自律，避免产生恶性循环。

■◖ 能保持最佳状态的最短睡眠时间

保证高质量睡眠是缓解压力的重要因素。然而，我们由于工作繁忙、身体不适或周末有活动等各种各样的原因，要保证高质量睡眠绝非易事。就算在某一段时间内保证了睡眠质量，可能也会因为一件小事又打乱了节奏。在这种情况下，不仅会导致我们的精神状态不佳，身体还会感觉变得非常疲倦。

为了努力改善这种状态，我研究出了一种方法，目前也在按照这个方法保证我的睡眠质量——"最短睡眠时间法"。首先，找出保证自己的身体和精神都能维持最佳状态的最短睡眠时间，然后一周7天都要保证这个睡眠时间。之所以我要改善睡眠质量，是因为我发现一旦睡眠时间减少了，本来积极乐观的自己就会变得很悲观，精神状态也不稳定。如果继续放任下去不管将会导致非常糟糕的结果，因此我才下定决心要做出改变。

我的最短睡眠时间是6小时。如果实在很忙，偶尔会减少到5个半小时，但如果少于5个半小时，白天就会感到困倦，非常影响生活。

至于通宵工作，从保证最短睡眠时间的角度上来考虑，是不管多忙都不能有的。有的职场上可能会默许员工通宵工作，但其实只要在项目管理方面多下点功夫，就能避免这个问题。

我曾遇到过好几项工作的截止日期赶在一起的情况，但不管情况有多紧急，我每天都一定会睡够3小时。只要睡够3小时，我就能努力撑过第二天，而且当天晚上只要稍微早点睡就不会影响第二天的精力。

◖◗ 保持固定的入睡和起床时间

为了管理好身体状态，除了要保证睡眠时间之外，还有一个重要的因素。那就是我们要注意一周7天（包括周六、周日在内）都要保持固定的入睡时间和起床时间。

以前一到周五、周六的晚上我总是读书读到很晚，一般都是凌晨两三点才睡。当时心里想着平时都读不了书，偶尔半夜读读书没什么关系，而且周六、周日早上也不用像平常一样早起，稍微晚一点也没事，就这样经常因此熬夜。结果周六、周日总是快到中午才醒，一天很快就过去了，到了晚上一点也都不困，形成了恶性循环。而由于周日起得很晚，因此到了晚上也不困，但第二天的周一早上又要早起，最终导致了睡眠不足。而且在这种情况下，不仅身体状态不理想，我的精神状态更是欠佳，每到周末心情就很糟糕，会产生一种强烈的消极情绪，认为自己又搞砸了。

我多次尝试改掉这个习惯，在不断重复试错之后，最终下定决心要一周7天都保持固定的入睡时间和起床时间。这样调整之后，每周的作息就没有了"时差"，身体状况也就不再紊乱了。

从那之后我的生活节奏变得非常和谐，精神状况也很好。推荐大家一定要尝试一下这个方法。刚开始可以连续两周左右保持这样的睡眠习惯，这并不困难，只需要在周六、周日的早上和平时同一时间起床就可以了。

下面我们来分析一下出差去其他国家的情况。如果要去欧美等与日本有较长时差的地区出差的话，应该怎样做呢？

假如我们现在要去纽约出差，那么一上飞机就要立刻把手表调成纽约的当地时间。如果是白天出发的话，因为这时纽约时间是晚上，所以要尽量在飞机里保持睡眠状态。到达纽约的时间是当地的清晨，这时要尽量晒晒太阳，调节体内的生物钟。此外，到达的当天晚上肯定会感觉很困，但也要尽量坚持到晚上11点左右再睡。这样做的话，从到达的第二天早上开始就可以进入之前提到的睡眠模式了，坚持一周7天保持固定的入睡时间和起床时间。总而言之，关键在于两点：一是上飞机之后立刻调成当地时间，二是抵达的当天夜里尽量坚持到晚一些时候再睡觉。

要注意的是，到了晚上9点左右我们可能会感到非常困，困到几乎要晕倒的程度，这时可以在脖子和额头上涂一点安美露[1]（Ammeltz），再去外面散散步，尽量想办法不要睡觉。

---

[1] 日本小林制药生产的一种液体状药水，主要用来缓解肩颈、腰部疼痛，涂后有清凉、刺激感。——译者注

一旦躺到床上去，哪怕只有一瞬间，就会前功尽弃。

▪️◖ 午睡的作用

我没有午睡的习惯，不过我偶尔会在因为前一天晚上睡眠不足而感到非常困的时候，在白天或傍晚抽出10分钟左右小睡一会儿。

公司里没有睡觉的地方，大家一般都是趴在桌子上休息的。听说这种姿势睡觉对颈椎等不太好，但是也没有其他的办法了。

有没有睡午觉的习惯因人而异，但一般而言，在午饭后抽出10～15分钟小睡一会儿将大大提高下午的工作效率。这可能也与个人体质有关，对体质合适的人来说是个不错的选择。不过有一点需要注意，即使要午睡也不能超过10～15分钟，一旦超过了这个时间，晚上就睡不着了，结果又会导致睡眠不足，形成恶性循环。

【从前的困境】

- 周末总是会熬夜。

- 结果周六、周日的早上总是睡到很晚才起床，强行起床的话会感到非常困倦。

- 入睡时间和起床时间不规律，身体状态总是很差。

- 睡午觉睡了一小时以上，结果当天晚上完全无法入睡。

【 自学小测验 】

- 是否睡够了能维持自己最佳状态的最短睡眠时间？

- 是否一周7天都保持着固定的入睡时间和起床时间？

- 在很困的时候，有没有午睡一会儿，并把时间控制在

10～15分钟？

解压的关键因素2　保持身体健康的运动和饮食习惯

在远程工作时代，我们尤其要注意培养科学的饮食和运动习惯来保持身体健康，而这在很大程度上取决于个人的努力。这是一件只要用心去做就能有所收获的事情，值得我们认真去对待。

培养科学的饮食和运动习惯并没有那么困难，而且几乎不会给人带来压力，还能调节身体状态和精神状态，这非常关键。正因为现在我们独自工作的时间增加了，所以这件事也变得尤为重要起来。

这其实和专业运动员差不多，都是在尽全力维持最佳身体状态。我们和运动员一样，不管做什么事情都是自己的自由，旁人不会随意指责，但如果拿不出好的成绩，也只能自己承担一切后果，所以我们最好抱着专业的态度来养成健康的习惯。

◖ 饮食与八分饱

为了保持身体健康，要注意选择食材，并且不能吃十分饱。

我以前饭量特别大，但现在已经养成了习惯，好几年没有让自己吃到撑得难受的状态了。我特别喜欢吃拉面，但现在已经基本不去拉面馆了。

现在很容易就能搜索到关于健康饮食的各种信息，我认真收集了一些内容，并尽量按照其中比较科学的方法来培养自己的饮食习惯。例如：

（1）尽量不吃碳水化合物（尤其是拉面、乌冬面、意大利面、炒饭、面包、年糕等）。

（2）吃饭时先吃蔬菜（有的人甚至吃了蔬菜之后要等20分钟再吃别的东西，我还做不到这一点）。

（3）尽量通过吃鱼肉来补充蛋白质，或者可以选择猪肉、散养鸡肉、草饲牛肉。每天吃2~3个鸡蛋（1个鸡蛋约重50克，含有6~7克蛋白质）。

（4）尽量不吃加工食品。

（5）尽量不吃油炸食品（炸猪排、炸鸡块等，看到真的很想吃啊）。

（6）尽量不吃含有人造黄油或起酥油的食品。

（7）尽量不吃零食，要吃也尽量吃可可含量80%以上的巧克力和坚果。

（8）不喝果汁（我已经坚持10年以上）。

（9）不喝酒（我已经坚持15年以上）。

现在我的身体状况很好，我的体重最高达到过99.9千克，当时心想绝对不能超过100千克，于是就开始坚持上面的饮食习惯，结果现在体重维持在86千克左右，状态非常好。不过我也没有做到一点也不懈怠的程度，所以体重一直没能低于理想中的85千克。如果能减到85千克左右，内脏脂肪也会相应地减少，所以我还继续保留着这个美好的梦想。

至于喝酒，我从约15年以前就戒酒了。本来我就不太喜欢喝醉的感觉，所以也并不是非喝不可。古人曾说"酒为百药之长"，但最新的研究结果表明，不喝酒才是最好的。希望各位喜欢喝酒的朋友可以多看看这些研究结果。不过，酒文化也有着非常重要的意义，如果能享受其中也是一件不错的事，只要不过多摄入酒精就好。

◾ᑕ 不管多累，运动不能停

一直待在办公室或家里会让人缺乏运动，或多或少都会给我们带来一些压力。在这种情况下，我们很难一直坚持出色地完成工作或保持快速进步的状态，最关键的是这也绝对不利于身体健康。

推荐大家在家附近散步或跑步、练瑜伽等，根据个人兴趣和周围环境选择适合自己的运动并坚持下去，这绝对是一个非常好的习惯。近50年以来，随着文明的进步和社会的发展，人们的运动量急剧下降，出现了现代文明病①患者，而其他身体疾病和精神疾病的患者也在与日俱增。

话虽如此，我最大的问题也是缺乏运动。

我相信很多人一定也有着和我相同的烦恼，明明已经缺乏运动了，明明身边有很多参与运动的方法，但就是没能去做。我从15年前开始就想找一位运动教练，在品川王子大饭店的室内网球场每周练习两次网球，每年都发誓"今年一定要开始练！"结果还是没有进展。

我的办公室隔壁开了一家金牌健身中心，我本来想报名定期去健身，结果发现了一本叫作《自重增肌训练》的好书，心想"就按照这个训练吧！"但是最后又没做成。我一边感叹人不花钱是办不成事的，一边就这么蹉跎了几年。

---

① 现代文明病：由于生活上的压力，以及营养的失调，再加上缺乏运动，长期积累形成的一种疾病。——译者注

唯一一件令我骄傲的事是不管多累、多忙、多麻烦，我一定会在周日晚上坚持打网球。不过其中还是有两个问题，一是因为是室外活动，一旦下雨就不能打了；二是其实我并不是很喜欢网球，所以对此完全没有积极性。但这是我唯一在做的运动了，所以我一定会继续坚持下去。

除此之外，我还打算开始做一些增肌训练，并且开始坚持跑步或散步。推荐大家一定要找出适合自己的运动，坚持锻炼下去。这和制作A4笔记差不多，关键在于寻找伙伴相互激励。另外，远程工作不需要通勤，运动量就更少了，所以就更加需要我们自己坚持运动了。

▪☞ 拉伸运动的作用

上面提到的都属于增强心肺功能、固肌增肌一类的运动。在此基础上，我们还需要增加一些拉伸运动。

我的身体比较僵硬，像那种瞬间劈叉、挺直上半身的一字马是完全做不来的。不过我还是会比较积极地做拉伸运动，将身体靠在瑜伽柱上，坚持每天多次大幅度地转动脚踝和肩膀，放松股关节。大家也可以找到适合自己的方法来做拉伸运动。

最近我经常做的动作有三个。一是坐在凳子上，将左腿搭在右腿上，将左脚脚踝顺时针旋转10次，再逆时针旋转10次，之后再将右腿搭在左腿上，旋转右腿和右脚，每天重复几次。这个动作可以使股关节变得灵活，还可以缓解肌肉压力。

二是矫正姿势。因为我平时一直低头看手机、伏案工作等，长时间保持不当的颈部姿势，导致我有些驼背。而虽然我很在意我驼背这件事，但并没有做出行为改善它。于是我下定决心一定要矫正姿势，现在正在有意识地保持正确的姿势——挺直后背，头摆正，脸朝正前方。另外，活动肩胛骨也非常重要，我也在坚持频繁地转动肩膀。

三是用手按摩从脖颈正后方延伸到肩部的斜方肌。以前我的肩痛很严重，肩膀肌肉十分僵硬，经过按摩，现在肌肉已经变得很柔软，感觉非常舒适。

油管（YouTube）视频网站上也有许多类似"筋膜放松法""肩胛骨放松法""轻松劈叉"等各种运动方法，大家可以寻找适合自己的方法进行练习。

【从前的困境】

- 吃饭时先吃糖类物质，导致血糖短时间内迅速上升。
- 通过吃得非常饱来排解压力。

- 因为嫌麻烦一整天都不运动。

- 连拉伸运动也不做。

- 一直待在办公室或家里，身体逐渐变得不那么健康。

【自学小测验】

- 吃饭时是否会先吃蔬菜？是否会吃到很饱？

- 有没有在很累、很麻烦的时候也在坚持运动？

- 有没有坚持做拉伸运动？有没有"三天打鱼，两天晒网"？

解压的关键因素3　借助A4笔记缓解焦虑

我在第2部分的"收获的关键因素6 帮助下属及组员将工作效率提高三倍"中提到，我们可以带领团队利用每天早上的10分钟一起制作A4笔记，这样可以大幅提高所有人的工作效率。

缓解压力的一大关键在于要消除焦虑情绪。如果心情焦虑，人的精神状态就不佳，会陷入一种迷茫的状态，难以顺利地完成工作。

在这一章中，我将说明A4笔记能帮助人们消除焦虑的原因，以及它为什么能够帮助人们排解压力。A4笔记同时也有助于放松身心，我比较喜欢将A4笔记称为"动态冥想"。

■☞ 落笔A4纸，烦恼皆不见

在拙作《零秒思考》中，我详细阐述过A4笔记的作用，即只要将烦恼和焦虑的事都写在A4纸上，每个人都能找回原本清醒的头脑。我的许多朋友在尝试了A4笔记法之后，立刻就体会到了它的效果，其做法也非常简单。

只需要将A4纸横向摆放，在左上角写上心中所想的主题，右上角写上日期，然后写4~6行正文内容，每行写15~20字。以上和普通的笔记的写法没有太大区别，关键在于要尽量在1分钟之内写满一张纸。像这样每天将自己脑海中的想法写在10~20张A4纸上。

通过这种方法，我们把让我们感到焦虑的事情、令我们不快的想法以及对现状的质疑等负面情绪都写在面前的A4纸上。当我们亲眼看到这些想法时，就能清楚地认识到其中的本质，从而停止不断地抱怨，将其当作严肃的问题来看待。

如果理解了问题所在，我们的想法和心态就会奇妙地转变为解决问题的立场。因为人类在进化的过程中，已经逐渐获得了这种积极生存的能力。

总之，关键在于要把脑海中的全部内容都写下来，呈现在眼前的A4纸上。这也可以说是一种将焦虑的情绪转化为语言的任务。当我们感到焦虑时，不能只是任其在脑海中辗转、纠结，而是要在感知的瞬间迅速地写在眼前的A4纸上，这样就能够明确地认识到问题所在，也将帮助我们产生前进的勇气。

当我们不断重复做这样的练习后，就能够在感到焦虑的瞬间理清思路，甚至能马上想到该如何行动。最终将能够在瞬间——零秒内完成思考，这也是《零秒思考》一书标题的由来。

另外，现实中的情况和纯粹的焦虑还稍微有些不同，在更多的情况下，问题其实在于人们不知道自己有哪些不理解的地方。但如果平时就会在感到疑惑的时候迅速思考原因，就不会产生这个问题，但大多数人都不会去思考，所以导致无法发挥出自己原本的能力，也就逐渐感知不到，也不愿意去思考自己到底在哪些地方还有所欠缺，脑海中一片混沌。

为了解决这个问题，可以将具体的情况概括成某个主题，写在A4笔记上，这样就能够进行深入思考，也能很好地把握全局了。例如对方之所以没有迅速答复，背后可能有什么原因；客户之所以在中途离场，是不是因为我们在服务上有什么问题……

➤ 写出脑海中的第一想法

有时，我们在制作A4笔记的时候起初很顺利，但在中途就逐渐想不到新的主题了。这是因为考虑得太过深入，怀疑自己想到的主题是否妥当，并开始在心里打退堂鼓，还会感到自己一直都在写一些浅显的内容，怀疑这样做是否真的有意义。

为了防止这个问题出现，我们不能拘泥于形式和内容，要把脑海中想到的内容原原本本地记录下来。要知道，一切思考都是有价值的，要把它们都转换成语言，这样就能知道如何在此基础上深化概念，以及如何采取行动了。

一旦开始对脑海中的内容进行价值判断，思考其中的意义所在，就来不及将其转化成语言了。我们要避免进行多余的思考，直接将脑海中的第一想法记录下来，否则一旦停止记录，就会遗憾地错失许多信息。

我们的大脑构造非常精妙，时刻都在进行各种思考，同时还可以自由想象，迸发灵感，感受烦恼、快乐和悲伤。关键就在于不要加工这些想法，而是将其原原本本地表达出来。因为大脑总在一刻不停、瞬息万变地运转着，所以我们只要集中精力，就能不断地记录新的内容。有些朋友没有坚持下去，是因为逐渐想不出新的主题便怠于思考了，这些朋友不妨尝试着重新回顾一下自己的工作和家庭环境。

■☞ 遇到烦心事，试试换位思考

我们在遇到烦心事的时候会产生压力，这大多与他人相关。例如某人做了令人讨厌的事或说了令人讨厌的话，或和某人发生了口角等。遇到这种情况，可以站在对方的立场上来制作A4笔记，这样能帮助我们迅速打开视野，有效地抑制自己的怒火，也能在一定程度上缓解自己急躁的情绪，有时还会对社会和公司产生新的不同看法。

例如主题是"上司为什么不派我去做新项目"，可以写出以下观点：

- 上司对担任新项目的负责人有什么要求？
- 上司认为这个新项目有多大难度？
- 上司认为这个新项目成功的关键是什么？
- 对于公司内反对新项目的声音，上司持什么态度？
- 在上司看来，我是一个怎样的下属？具有哪些优势和问题？
- 上司如何看待我今后的成长？对我有什么期待？
- 上司有没有偏袒对待某位员工？如果有的话什么情况下会偏袒这位员工？
- 上司认为谁能够出色地完成这个新项目？
- 上司有多少管理新项目的经验？
- 上司是什么样的性格？上司有什么样的价值观？

通过记录，可能会发现上司是在为自己考虑才没有让自己做新项目。

再举一例，如果主题是"为什么下属A不听自己的话"，可以写出以下观点：

- 他是出于什么想法才忽视我的话？

- 他会听谁的话？

- 他看重哪些方面？

- 他是不想好好工作吗？还是有别的原因？

- 对他来说，我是一个怎样的上司？

- 他觉得哪个上司比较好？那个人是什么类型的？

- 他擅长什么，不擅长什么？

- 他从进公司以来，都在什么样的上司手下工作？

- 他和同期的同事相比工作水平怎么样？

- 他以什么样的态度来对待后辈？

通过这样记录，可能会发现下属A不是为了和自己作对才不听话，而是坚持着自己的观点，按照自己的方式工作。

我认为这种"多角度分析法"是《零秒思考》中有关A4笔记的最有效的方法。这种方法可以锻炼我们站在对方的立场（比如上文例子中的上司和下属）上思考的能力，帮助我们开阔视野，更好地把握全局。

对家人也是同样，试着分别站在妻子、丈夫、孩子、父母的立场上，写出10～20页的A4笔记，可能会产生和从前完全不同的观点。

【从前的困境】

• 总是感到有些焦虑，无法集中精力工作。这不仅影响自己的工作，对个人生活也有不好的影响。

• 即使脑海中有想法，也会怀疑没有意义，无法完成A4笔记。

• 把烦心事写在了A4笔记上，但写了一两页就不写了，无法充分地缓解负面情绪。

【自学小测验】

• 是否能通过做A4笔记来消除焦虑情绪？

• 是否能毫不犹豫地将脑海中的第一想法直接记录下来？

• 如果有了烦心事，是否能站在对方的立场上制作A4笔记，缓解负面情绪？

解压的关键因素4　建造心灵的"安全基地"

所谓"安全基地"，指的是一个可以向对方安心倾诉的、毫无顾虑依靠对方的对象，他就像我们的心灵港湾。一个人能否拥有属于自己的"安全基地"，取决于自己的努力和运气。

如果一个人没有"安全基地"，就会导致自我认同感较低，对自己没有信心，无法长时间全力投入工作。在大家学生时代的朋友，工作后的同事、前辈中，有没有一两个这样的人呢？我们和他们在一起时就会感到安心，他们能够接受真实的自己，这样的人就是心灵的"安全基地"。也许有人认为自己没有这样的朋友，但其实并不是真的没有，很可能是自己主动拒绝了对方的好意。请试着回想一下，自己过去是否曾经因为各种原因而伤痕累累？这时是否有人愿意伸出援手，但自己却因为害怕再次受伤，而刻意和他们保持距离？

其实就算心里很不情愿，如果遇到了这样珍贵的朋友，我们也要主动去联系他们，向他们诉说心里话，最好能让他们成为自己的"安全基地"。我们并不需要直接对他们说"请成为我的'安全基地'吧"，只需要和他们一起愉快地吃一顿饭，这样就足够了。

如果心中有这样的朋友，那么就不要顾虑太多，直接去联系他们吧，可能会得到比预想之中更好的反馈。因为在一般情况下，如果我们对别人有好印象，别人通常也会对我们有不错的印象。很少有人会不喜欢别人邀请自己一起吃饭。如果有的话，可能出于多种原因，例如对方总是单方面地说个不停；总是在说别人的坏话；每次总是絮絮叨叨地重复同一件事；等等。

我们只要付出一点努力去建造"安全基地"，就能收获好的结果。现在我们独自工作的机会变多了，拥有属于自己的"安全基地"不仅可以帮我们培养安全感，减轻压力，还能给工作和与家人的关系都带来好的影响。请大家一定要试着迈出这一步。

■C 解读依恋障碍、发展障碍、人格障碍

人们有着各种各样的心理问题，我们要对这些心理问题有一些基本的了解，这样才能解决生活中的许多实际问题，例如：

- 为什么我没有自信?

- 为什么一直感到不开心?

- 为什么无法控制自己的情绪?

- 为什么上司总是对我很严厉?

- 为什么大家总是说我的坏话?

- 为什么上司和下属都那么情绪化?

- 为什么有这么多"捣蛋鬼""求关注怪"?

- 为什么下属总是重复犯低级错误?

这些问题分别是依恋障碍、发展障碍和人格障碍。

依恋障碍是一种由出生、成长的家庭环境所导致的心理问题。《依恋障碍:别让孩子伤在敏感期》一书中提到,现在三分之一的日本人都有着依恋障碍,而且就我的个人感觉而言,实际数字可能还要更多一些,从现在非常常见的职场骚扰、精神暴力中可以看出来。

我们在刚出生之后的两年内,尤其需要在母亲的关爱下成长。如果因为某些原因导致母爱缺失,就会对之后的人格形成产生影响。在正常情况下,婴儿处于完全安心的状态,肚子饿了马上就能吃到奶;撒尿大哭的时候也有人帮忙换纸尿裤。在这种情况下,母亲就是婴儿的"安全基地",可以帮助婴儿形成稳定的人格。如果缺少这些关爱,人就会产生依恋障碍。

　　有依恋障碍的人具有许多特征，例如自我认同感较低，缺乏自信，怀有强烈的不安感和无法摆脱的无力感。他们总是看他人的脸色行事，无法和他人建立深层关系，无法信任他人，无法摆脱原生家庭的影响，等等，备受煎熬。由于心灵的创伤，依恋障碍患者容易在情绪处理和人际关系方面出现问题，可能会成为精神暴力、职权骚扰、家庭暴力等问题的加害者或被害者。

　　我的许多朋友和前来找我咨询的人都有着各种烦恼，他们之中有许多人都有依恋障碍，常常因为无法认同自我和缺乏自信而感到痛苦。其中不乏一些非常有能力，也很有人格魅力的人，但是他们因为缺乏自信，导致自己很容易受到职权骚扰和精神暴力的负面影响。

　　发展障碍是由于大脑的先天性障碍导致的，占全球总人口的百分之十以下。可进一步细分为孤独症谱系障碍（孤独症、阿斯佩格综合征和非典型孤独症三种广泛性发育障碍的总称），注意缺陷与多动障碍（ADHD），学习障碍，等等。在发展障碍者的婴幼儿时期，由于其母亲往往承受着巨大的压力，无法为其提供良好的照顾，因此常常并发依恋障碍。在日常生活中，就算本人并无恶意，也容易和周围发生较大的摩擦。

例如如果丈夫是孤独症谱系障碍患者，妻子就容易患上卡桑德拉综合征（由于沟通不顺畅、不被理解导致缺乏自信，患有孤独症谱系障碍的另一半在实际的社交生活中没有明显的问题，因此即使向别人倾诉了自己对另一半的不满情绪，周围也没有人相信，最终由于这些纠葛产生精神、身体方面的痛苦）。然而，其实世界上的大部分发明和发现都归功于孤独症谱系障碍患者，他们对人类的发展做出了巨大的贡献。许多能力超群的工程师等优秀人才其实都有孤独症谱系障碍倾向。

我周围也有许多具有注意缺陷与多动障碍倾向的朋友，他们因此而存在一些问题，但其中大多数人都十分擅长工作，也能做出优秀的成果。最近我偶然注意到，其实我就有这方面的倾向：比如制作《零秒思考》中提到的A4笔记，每天坚持做10~20页，每页耗时1分钟；总是同时兼顾多项工作；在百度提醒中设置300个关键词，阅读相关文章；等等。

最后，人格障碍是一种由于人与生俱来的性格问题引起的一种精神疾病，患有人格障碍的人无法顺利地开展日常生活。可细分为自恋型人格障碍、边缘型人格障碍、反社会型人格障碍（精神病患者）、表演型人格障碍和强迫型人格障碍，等等。人格障碍患者的行为模式与正常的社会文化模式相差甚远，他们具有独特的生活方式、处世方法和精神模式，对个人和社会都将产生严重的破坏、巨大的痛苦以及功能性的阻碍，必须经过正规的治疗手段才能改善这种状况。

以上是对依恋障碍、发展障碍、人格障碍这三种心理问题的简单介绍。如果大家感到无法和某些人（很难说话的人、不太正常的人、事多的人）顺利地沟通，或感到自己的生活非常艰难、容易多愁善感的时候，就要注意自己是否存在一定的心理问题。

虽然不能仅凭片面的观点去判定一个人，但在实际生活中，我们都有着自我认知范围内的常识和对正常事物的感知，并且都是以这些认知为标准来和他人相处的。我们可能经常会遇到怎样都无法顺利沟通的情况，例如明明感觉自己在非常礼貌地与对方进行着沟通，却惹怒了对方；自己明明完全没有恶意，却把话越描越黑，把事态变得更加糟糕；等等。

遇到这种情况，我们最好留意一下自己和对方是否具有依恋障碍、发展障碍和人格障碍的倾向，否则就很难理解自己的处境。据我所知，关于这方面的问题还没有一个明确的判定标准，如果只是等着标准答案，就不能很好地保护自己。就算是一时的权宜之计也好，最好能对依恋障碍和发展障碍有深刻的理解，以便观察自己、观察对方，对自己的处境有一定的认知。

以我为例，我在5年前第一次从某位朋友那里听说了"依恋障碍"这个概念，又拜读了冈田尊司老师的《依恋障碍：别让孩子伤在敏感期》一书，深受触动，至今已经阅读了80本以上相关图书。之后，我创建了一个名为"找回自我：如何应对职权骚扰、精神暴力、扭曲的父母"的脸书群，邀请了2400名成员参加，每年还会举办数十次线上和线下研讨会来深入讨论这个话题。

这一领域所涉及的内容非常深奥，了解一些相关知识将帮助我们加深理解，这是市面上那些以改善沟通方式和人际关系为内容的浅显的自我启发类书完全无法相比的。推荐所有的上司、父母，以及下属、孩子——也就是所有人都去了解相关知识，这是非常有价值的一件事。

有许多人因为缺乏自信、被周围人欺负、精神不振等原因而烦恼，我也经常接到这样的咨询，但其实只要对依恋障碍、发展障碍、人格障碍有一定程度的了解，就能理解9成左右的问题，也能够掌握改善问题的关键。

由于远程工作的普及，身边接触不到上司和前辈，我们也几乎收不到任何反馈，这种情况可能会减少面对面职权骚扰的发生，也很少会被当面责骂了，但同时可能也会因为没人指导而产生压力或产生一种孤立无援的无助感，所以就更需要我们用知识武装自己，认真理解心理问题，自己帮自己解决困难。

此外，虽然依恋障碍是由于某些原因无法获得足够的母爱和安全感而导致的，但这并不是女性单方面的责任。由于男性导致的依恋障碍也很常见，例如孩子的父亲没有参与育儿或对妻子施加家庭暴力，导致孩子的母亲陷入非常糟糕的处境，从而引发了孩子的依恋障碍。另外，母亲身患疾病、因故和孩子分别或不幸去世等原因，都可能导致孩子产生依恋障碍。希望大家能够理解，"父亲、母亲、婴儿"是一个整体，依恋障碍是由于其中的相互作用才产生的。

■☞ "安全基地"的重要性

对于依恋障碍者而言，过去的几十年因为缺爱而让自己伤痕累累，但即使过去无法挽回，我们仍有办法改善依恋障碍造成的心理问题。那就是从现在开始寻找属于自己的"安全基地"。寻找一个能尊重自己，认真倾听自己的话，绝不否定自己，认可自己的努力，一直支持自己的人。如果能找到这样的人，心灵的伤痕就会逐渐愈合。

就算是之前一直没有自信，觉得自己很差劲，做什么都不行的人，只要找到了那个值得信任的人，愿意尊重自己，一直倾听自己的话，就一定能战胜阴霾。

我认为，建造"安全基地"是一个非常好的解决方法。也许你会认为还有别的好方法，但那可能是因为当事人具有特殊的才能和极好的运气，才能够接连取得巨大的成功，在大家的称赞声中逐渐使心态平稳下来的。然而，这样幸运的人可能还没有总数的几十分之一，而且如果在没有"安全基地"就取得成功的情况下，会有各种居心不良的人趋炎附势，企图占自己的便宜。他们嘴上说着是为了自己好，但实际却并不是。如果不能正确地分辨，我们可能会遭到背叛，大吃苦头。例如我们经常能看到一些有着代表作的、很受欢迎的歌手反而过着非常凄惨的人生。

如果不想再为自我认同感低而苦恼，想为自己喜欢的事付出努力，过上充实的人生，就一定要想办法找到成年人的"安全基地"。即使找不到刚才提到的那种理想的"安全基地"，只要找到一个能认真倾听自己的话，绝对不否定自己的对象，就能使自己心灵的创伤迅速愈合。

◼ 成为彼此的"安全基地"

然而，寻找"安全基地"绝对不是一件简单的事，这需要付出很多努力，还会受到运气的影响。在很多情况下，即使我们觉得某个人可以成为自己的"安全基地"，对方可能也有着自己的烦恼，顾不上自己了。

另外，精神状态稳定、自我认同感较高，同时还很擅长工作的人非常少见，我们很难遇到这样的人，就算遇到了，也向对方提出了请求，对方也不一定愿意成为我们的"安全基地"。

如上所述，就算我们很想找到一个属于自己的"安全基地"，也是很难如愿的。因此，更加简单的做法是邀请几位有相同想法的朋友，共同建立一个"安全基地"小组。虽然这不是最理想的做法，但也能发挥很大的作用，因为组员之间能够理解彼此心中的伤痛。虽然如果大家都完全放下心来，只顾着不断倾诉自己的事，可能会顾不上倾听其他人的话，不过这也比随便找一个人倾诉，结果因为对方冷漠的态度而受伤，或只是一个人闷闷不乐要好得多。

要建立一个"安全基地"小组，可以参考以下方法：

（1）从学生时代的朋友、工作后的同事和前辈中选出
5~6名精神状态稳定、彼此相处有安全感、非常渴望进步、可
以接受真实的自己的人作为"安全基地"小组的候选人。

（2）分别向他们阐明自己的宗旨，说明依恋障碍、发展
障碍、人格障碍、安全基地等概念的重要性，只邀请对此表示
出强烈兴趣的人一起聚餐，进行深入交流。可根据需要进行第
二次、第三次聚餐，以确认对方是否真的有意愿加入"安全基
地"小组。假设一开始有4名赞同者，其中3人有意愿加入，只
有1人稍微有点犹豫，那就可以先尝试从这3人开始建立小组。

（3）小组成员每月聚会一次，互相诉说自己的烦恼，彼
此鼓励，就如何更好地帮助彼此等问题进行组内商讨。

（4）举办有关依恋障碍、发展障碍、人格障碍等内容的
学习会。

（5）小组成员之间要有能够立刻响应彼此求助的直接联
系方式。

按照以上方法，就可以初步建立一个"安全基地"小组
了。关于每月一次的聚会，可以参考以下形式进行：

（1）各位小组成员要尽量坦诚地说明自己的情况，例如
工作内容、自己和上司及下属的关系、和家人之间的关系等。

这是一个说实话也没有任何风险的聚会，大家要养成说真心话的习惯。

（2）当某人发言时，其他人要全神贯注地倾听，不要中途打断、不要否定，让对方能安心地把话说完。

（3）可以借此机会做工作汇报排练，或分享自己做好的报告书等，寻求其他组员的反馈意见，从而更好地做准备。

（4）如果有了合适的新成员候选人，就邀请对方来参加聚会，仔细听听他的意见。如果感觉对方能对小组有所贡献，就接受其加入。通过这种方式注入新鲜血液，可以避免墨守成规。

（5）通过参加小组聚会，可以逐渐改善工作状况和与家人之间的关系，也将积累更多有关"安全基地"小组的心得和经验。

一开始大家可能有很多想说的话，谈话会一直持续下去，之后会逐渐产生一种"我随时都可以安心地向大家倾诉"的心态，交流时间就会逐渐变短，大家的心态也会逐渐平稳下来。

另外，在建立"安全基地"小组的时候，最好不要邀请可能发展成恋爱关系的成员。如果有这样的成员存在，一旦彼此压抑不住自己的爱意，就会成为新的压力源，也就无法发挥

"安全基地"应有的作用了。小组成员之间最好是一种类似于"同期伙伴"的关系。

【从前的困境】

- 不理解依恋障碍、发展障碍、人格障碍等概念，不知道上司、下属和家人为什么会这么情绪化，为此困惑、烦恼。

- 不知道自己为什么总是控制不住自己的情绪，陷入自我厌恶的状态。

- 无法和周围人保持良好的关系，非常影响工作结果。

- 没有可以求助的对象，总是感到有压力。

- 没有彼此相处能感到安心的对象，总有挥之不去的不安感。

【自学小测验】

- 是否能大致理解依恋障碍、发展障碍、人格障碍的区别？

- 有没有努力建立自己的"安全基地"？

- 有没有找到几位朋友，邀请他们共同建立"安全基地"小组？

探索成功之路，时刻保持成长

了解了这些成长之路上的关键点，大家有什么想法呢？

近几年，有越来越多的人开始为工作环境的改变而烦恼，例如身边没有能指导自己的上司和前辈；几乎得不到任何来自上司和前辈的反馈；自己曾经是企业中的一员，但现在却好像独自游离在外，与他人的接触也一下子变少了……

在这种情况下，尤其需要认真考虑有哪些事是可以独自完成的，怎样做才能凭一己之力获得成长。本书的书名《自驱型学习：厉害的人都是这样工作的》正是源于此。

就算我们嘴上抱怨因为环境不够好而无法获得成长，也不会有任何人来帮助我们。在感到迷茫的时候，不妨翻阅本书，从中了解一些能够时刻保持成长和通往成功之路的关键。

最重要的一点就是要记住"不再依赖上司"。

可能大家会感到奇怪，从公司组织关系的角度来看，明明上司是要对自己负责的，为什么还说"不要依赖上司"呢？因为在如今的时代中，由于远程工作等原因，我们独自工作的机会大大增加了，而上司的精力比较有限，所以我们不能强人所难。正因为这样的上司比较常见，所以如果能遇到一位靠谱的上司，是一件非常幸运的事。

虽然在面对上司的时候要做好这样的心理准备，但希望各位读者朋友自己一定要成为"新时代的好上司"。所谓"新时代的好上司"，是指在经常进行远程工作（ZOOM会议等）的情况下，也能做到以下几点，能够胜任的一位优秀的管理者。

• 给下属做出明确的指令，指导下属制作产出物概念图，通过这种方法帮助他们切实地取得成功。

• 在下属有烦恼的时候立刻给予关注、倾听，不让下属感到被疏远、被孤立。

• 设立目标，能够调动下属及组员的积极性。

最后，希望各位读者在读过本书之后，能够坚定地做自己想做的事，活出崭新的人生。就算只能影响很少的读者，我也将感到非常荣幸。

日本社会正在发生巨大的变化。在曾经的职场中，上司和下属是一个整体，两者一起解决各种矛盾，并通过集体行动来完成工作。如今，这样的时代已经结束了。

希望各位读者能够凭借自己的力量胜任工作，能够心无旁骛地做自己想做的事。